DECIDA GANHAR MAI$

CARO(A) LEITOR(A),

Queremos saber sua opinião
sobre nossos livros.
Após a leitura, curta-nos
no **facebook.com/editoragentebr**,
siga-nos no **Twitter @EditoraGente**,
no **Instagram @editoragente**
e visite-nos no site
www.editoragente.com.br.
Cadastre-se e contribua com
sugestões, críticas ou elogios.

CHRIS TAVEIRA

DECIDA GANHAR MAI$

Descubra como o empreendedorismo,
o marketing e o empoderamento financeiro
levam mulheres e seus negócios ao topo

Diretora
Rosely Boschini

Gerente Editorial Pleno
Franciane Batagin Ribeiro

Assistente Editorial
Alanne Maria

Produção Gráfica
Fábio Esteves

Preparação
Thiago Fraga

Edição de Conteúdo
Joyce Moysés

Capa
Anderson Junqueira

Projeto Gráfico e Diagramação
Vanessa Lima

Revisão
Wélida Muniz

Impressão
Gráfica Rettec

Copyright © 2022 by
Christiane Taveira

Todos os direitos desta edição
são reservados à Editora Gente.
Rua Natingui, 379 – Sumarezinho
São Paulo, SP – CEP 05443-000
Telefone: (11) 3670-2500
Site: www.editoragente.com.br
E-mail: gente@editoragente.com.br

Dados Internacionais de Catalogação na Publicação (CIP)
Angélica Ilacqua CRB-8/7057

Taveira, Chistiane
    Decida ganhar mai$: descubra como o empreendedorismo, o marketing
e o empoderamento financeiro levam mulheres e seus negócios ao topo /
Christiane Taveira. – São Paulo: Editora Gente, 2022.
    192 p.

    ISBN 978-65-5544-264-9

    1. Empreendedorismo 2. Mulheres I. Título

22-5457   CDD 658.4012

Índice para catálogo sistemático:
1. Empreendedorismo

nota da publisher

"Pense grande, comece pequeno, mas tenha certeza de que está na direção certa" é um dos encorajamentos de Chris Taveira, publicitária e empresária renomada, para mulheres que empreendem ou desejam empreender, mas que pensam pouco como em escalar os lucros e otimizar as estratégias de marketing para vender mais e melhor.

Decida ganhar mai$, obra que tenho grande honra em apresentar, é para as mulheres desse tempo e para as que virão. Sem medo de falar de dinheiro, marketing, negociação e dificuldades de ser uma mulher liderando seu negócio, Chris Taveira apresenta o método Mai$ Lucro, criado e aplicado para que empreendedoras consigam superar todas as adversidades do mundo corporativo.

Neste texto poderoso, esta obra é informativa, urgente e necessária mostra que não há limites para mulheres que empreendem. Elas voam com criatividade, resiliência e competência e, não à toa, **Decida ganhar mai$** chega para somar, para convidá-las a ir além. Você ganhará mais em tudo com esta leitura. Vire a página e prepare-se para perder o medo de falar e administrar dinheiro, vire a página para empreender!

Rosely Boschini
CEO e Publisher da Editora Gente

PARA ARTHUR E MARCELA.
PARA MEUS PAIS, IRMÃOS E FAMILIARES.
PARA MEUS SÓCIOS E COLABORADORES.
E PARA AS CHEFES DE FAMÍLIA,
MINHAS HEROÍNAS,
QUE FAZEM TANTO COM TÃO POUCO.
A VOCÊS, COM TODO O MEU AMOR.

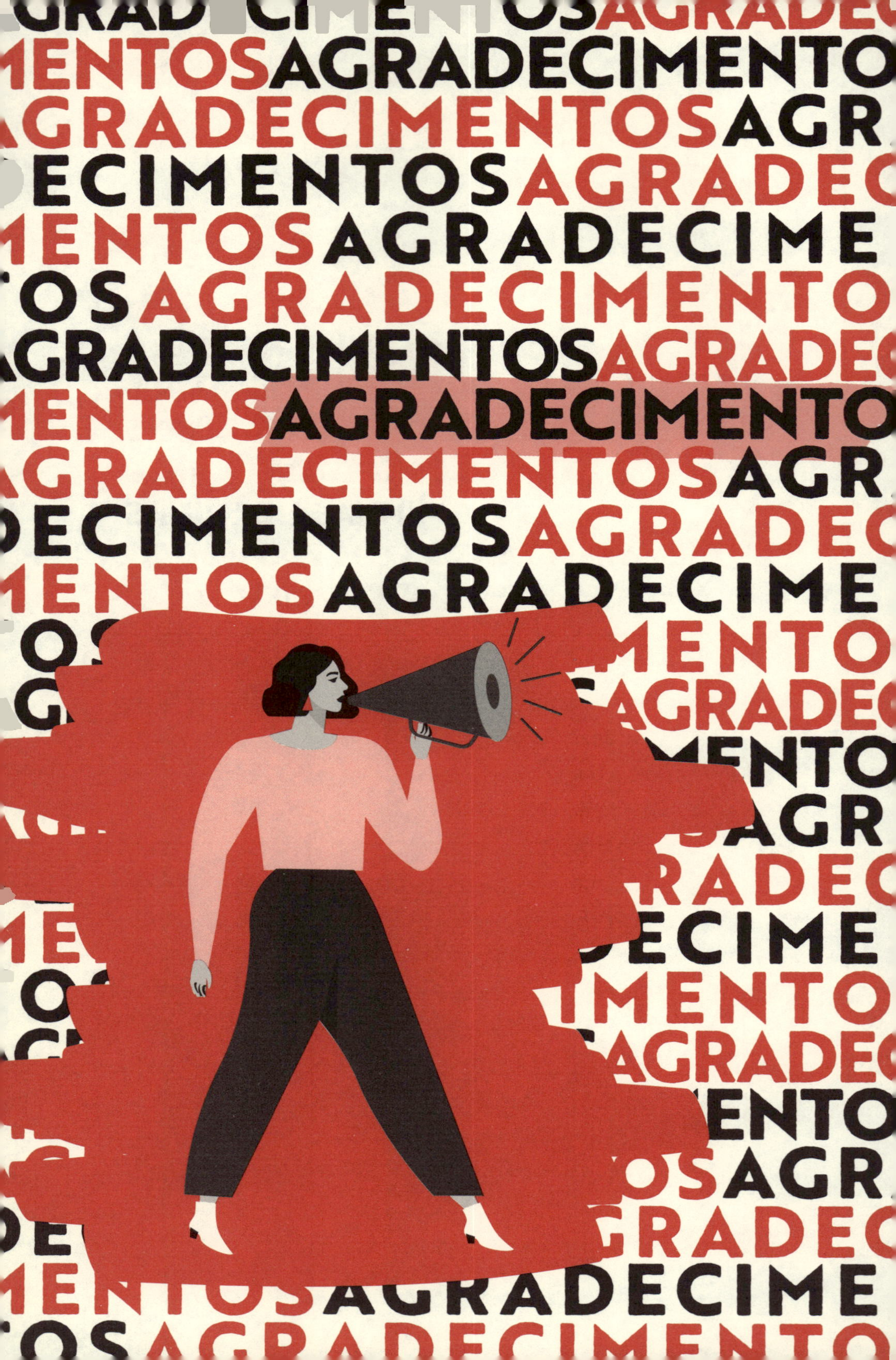
AGRADECIMENTOS

Este livro jamais seria possível sem a provocação e o incentivo de milhares de mulheres que encontrei ao longo da minha jornada como empreendedora, mentora e palestrante.

Em nome de todas elas, quero começar agradecer à minha mãe Regina, meu porto seguro; uma mulher altruísta e admirável que sempre me estimulou a buscar independência emocional e financeira. Obrigada, mãezinha, por construir a base do meu caráter e por me fortalecer a partir do seu amor.

Sigo agradecendo aos meus três pais:

A Deus, que me trouxe clareza de os meus motivos para seguir. Ao meu avô, Francisco Taveira, que ainda criança me mostrou o significado de servir. E, por fim, ao meu pai de alma e de sangue, Walter, que me encorajou a ser cidadã do mundo. Generoso, ele sempre estudava comigo, me desafiando e estimulando a resolver os problemas mais complexos – aqueles que demandavam horas para encontrar uma solução que, por vezes, derivava de um raciocínio diferente do convencional.

Aos meus irmãos, Leonardo Taveira e Frederico Taveira; às minhas cunhadas Soraia Damaso e Pollyana Lopes; e às minhas afilhadas lindas, Lara e Thaís Damaso, o meu mais profundo agradecimento por estarem sempre ao meu lado.

Ao meu ex-marido Hugo Carvalho e toda a família dele, por me acolherem com tanto amor e carinho ao longo de vinte anos de história conjunta.

Aos meus sócios Ricardo Martins, Aline Bringel e Maurélio Toscano, por sonharem comigo e não pouparem esforços para realizar as ideias mais ousadas e ambiciosas que nos impulsionaram no mercado digital.

Aos meus parceiros de negócio Raony Rosseti, Jaqueline Bourscheidt, Nasser Said e Ricardo Borges, por tornarem a edtech Ilimitz possível e por todas as orientações, espírito de colaboração e mão na massa.

Agradeço a todos os meus colaboradores, fornecedores, parceiros e alunos na Rocket e na Ilimitz, por incendiarem meu coração na missão de impactar positivamente a vida das pessoas por meio da tecnologia e da educação.

Aos meus amigos Rodrigo Correa, Marcelo Braggion e toda Família Genius, por me acolherem no Mastermid, mudando o meu jogo e subindo o nível dos meus negócios.

A Joyce Moyses, escritora e editora de conteúdo talentosíssima que me ajudou desde o primeiro dia, quando este livro ainda era uma vaga ideia. Joyce me deu direção e me orientou em todos os detalhes. Cada palavra deste livro, carrega a sua inteligência, olhar, revisão, escrita e dedicação.

Aos profissionais da Editora Gente que se envolveram em todas as etapas do livro. Rosely Boschini, além de conseguir trazer clareza do que me era essência, acreditou no poder da voz desse projeto. Agradeço a Alanne Maria, Camila Hannoun, Fabrício Santos e, em especial, a Franciane Batagin que me trouxe poderosos insights para criar um roteiro relevante, objetivo e impactante.

Roberto Shinyashiki, muito obrigada pelo seu feedback direto e encorajador.

Meu profundo agradecimento também a uma das mulheres que mais admiro na vida, Luiza Helena Trajano. Mais uma vez, acreditou em mim e me deu a honra de prefaciar este livro.

Obrigada aos diversos parceiros do mercado financeiro, que abrem portas para que eu fale da importância da independência financeira para o empoderamento feminino.

A você, que confiou em mim ao escolher esta obra.

Por fim, meu agradecimento aos meus filhos Arthur e Marcela Taveira. Com as bênçãos de Deus, eles personificaram o meu poder e multiplicaram a minha capacidade de amar. Obrigada por trazerem consciência para o meu feminino, por me virarem do avesso e me ajudarem a lidar com as minhas fragilidades. Minha gratidão aos meus dois pontos de luz que me fazem livre para ser imperfeitamente plena.

Este livro é por vocês e para vocês.

SUMÁRIO

14	PREFÁCIO
16	INTRODUÇÃO
24	**CAPÍTULO 1** **AMEAÇAS INVISÍVEIS**
42	**CAPÍTULO 2** **AS CORRENTES QUE PRENDEM VOCÊ**
62	**CAPÍTULO 3** **PREPARADA PARA SUPERAR OBSTÁCULOS E AVANÇAR?**
80	**CAPÍTULO 4** **EMPODERE-SE E LEVE A VIDA QUE VOCÊ QUISER**
94	**CAPÍTULO 5** **MODELO MENTAL: O DESPERTAR DA FORÇA**
118	**CAPÍTULO 6** **MARKETING: O QUE VOCÊ PRECISA SABER SOBRE "TIVE UMA IDEIA"**
142	**CAPÍTULO 7** **MATEMÁTICA: ATERRISSANDO O SONHO COM MAI$ LUCRO**
180	**CAPÍTULO 8** **JAMAIS DESISTA, A FORÇA ESTÁ EM VOCÊ**
188	**CAPÍTULO 9** **O MUNDO É NOSSO**

PREFÁCIO

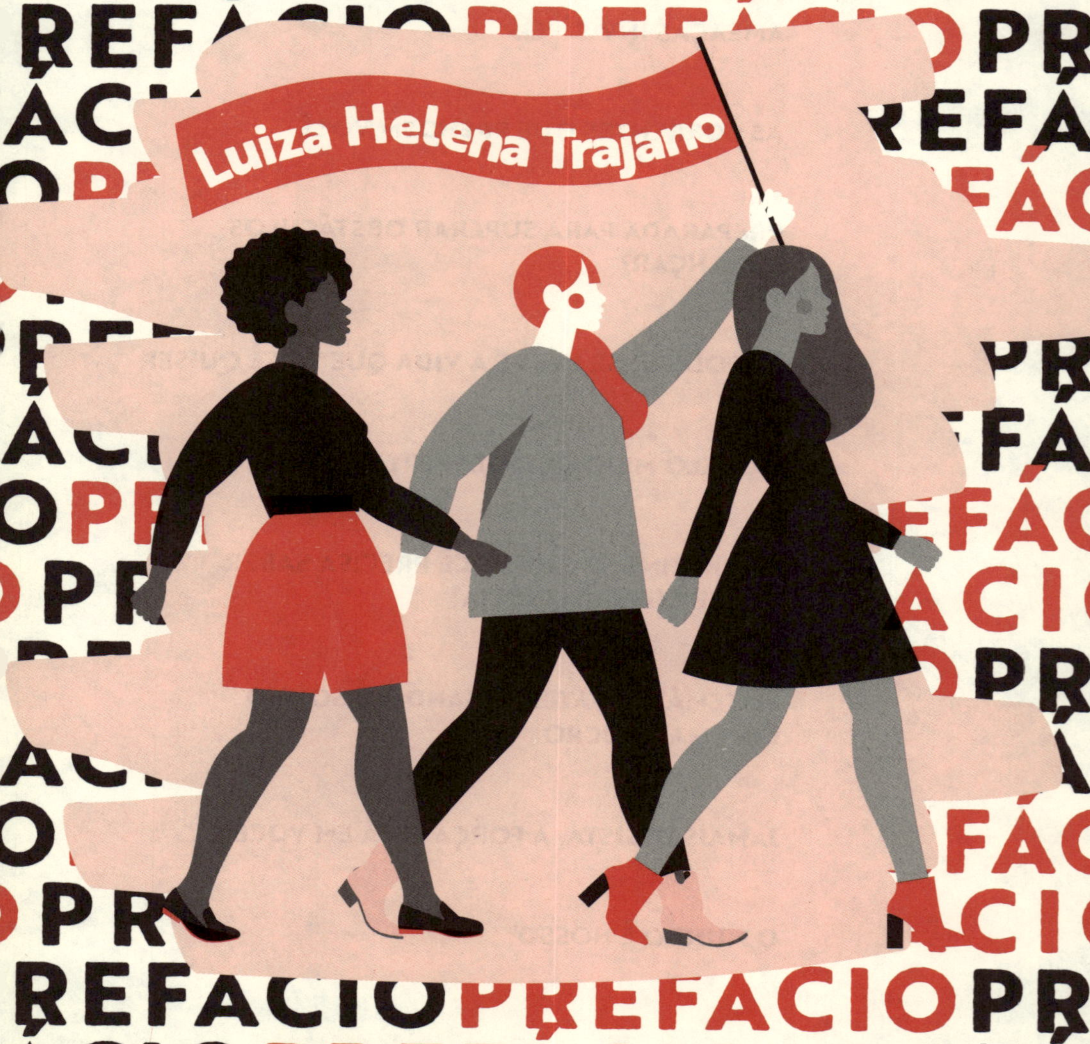
Luiza Helena Trajano

Os fatores que tornam as mulheres dependentes de condições e situações desafiantes são várias e, muitas vezes, isso faz com que elas abandonem suas carreiras e as grandes oportunidades de suas vidas. É comum também as ver mudar o rumo da vida para acompanhar o companheiro na garantia de manutenção e sustento do lar.

Nesses momentos, o empreendedorismo pode ser uma arma poderosa para a mulher assumir o controle de sua vida, cortando a dependência existente. Muitos tentam colocar o tema como tabu, o antigo truque de empurrar a culpa para a mulher, que carrega toda a carga da educação e formação dos filhos e, como consequência, veem o sucesso ou o fracasso condicionado exclusivamente ao trabalho ou à ocupação da mulher.

Por isso, **Decida ganhar mai$**, de Christiane Taveira, trata didaticamente de empreendedorismo, incentivando a independência financeira das mulheres. Um passo necessário para a realização de sonhos e melhora da autoestima femininas. É urgente a conquista e a realização financeira das mulheres.

A leitura deste livro nos auxilia a identificar situações do dia a dia que impedem muitas de nós de prosperar, e também traz importantes dicas e orientações para atingir sua independência financeira, que fortalece além da autoestima e cria condições para o total controle de sua vida.

LUIZA HELENA TRAJANO
Presidente do Conselho do Magazine Luiza e do Grupo Mulheres do Brasil

INTRODUÇÃO

Piloto de caça. Essa era a resposta que eu dava quando criança a quem me perguntava o que eu queria ser quando crescesse. Gosto demais de estar nas alturas e, por isso, essa profissão me fascinava. Mas o sonho de estar nas alturas pode ter muitas formas, por exemplo: saltar de paraquedas (e já fiz isso quando pratiquei esportes radicais, o que adoro) ou projetar negócios com resultados muito acima do esperado.

Sempre pensei grande. Fui uma criança curiosa, estudiosa e tive a sorte de crescer perto da natureza. Eu observava e explorava o mundo de maneira corajosa e livre. Andava de carroça, cortava cana-de-açúcar, tirava leite de vaca, andava descalça na grama molhada, arreava cavalo, apartava o gado, conversava com os bichos, fugia de boi bravo, nadava na represa sem ter a mínima noção do perigo, pescava sem hora para voltar e só dormia depois de ver as estrelas mais brilhantes do céu.

A minha infância foi bombardeada de estímulos criativos e de uma conexão profunda com o que é mais selvagem e natural. Mas, quando veio a adolescência, comecei a sentir o esmagamento da minha natureza instintiva feminina e o peso da pressão social.

De repente, toda liberdade que eu tinha conhecido estava sendo transformada por um mecanismo de castração que me dizia: "Aterrissa, você sonha demais". Era frustrante ser puxada para baixo. Eu não entendia por que era tolhida das minhas ambições enquanto meus irmãos eram convidados a explorar o mundo e se arriscar nas mais diversas aventuras. Eu sentia como se estivesse com um cardápio limitado em mãos e não me conformava com isso.

Tenho um casal de filhos, Arthur e Marcela (nascidos em 2008 e 2011, respectivamente), e sempre fico abismada quando ouço algumas pessoas comentarem que devo "segurar" a minha filha. Respondo que não, que não limitarei os sonhos dela, e que a incentivarei a correr atrás deles, por mais "altos" que sejam. Aproveito todas as oportunidades que surgem para empoderar tanto o Arthur quanto a Marcela, incentivando os dois a fazer as próprias descobertas e a desvendar o mundo com liberdade.

Nasci no coração do Brasil, em Goiânia, Goiás. Cursei Publicidade e Propaganda e, com menos de um ano trabalhando como funcionária de uma agência, pedi demissão e fui em busca do meu lugar ao sol, sem calcular os riscos e as dificuldades que enfrentaria ao abrir o meu próprio CNPJ.

Depois de dois anos com a minha primeira empresa, veio a minha grande escola de vida empreendedora: ser sócia e diretora de Marketing do maior grupo franqueado do Burger King no Brasil (BK Centro-Sul). Enfrentei vários desafios, recebi prêmios importantes e posso dizer que vivi um "sonho impossível" ao vender a empresa na abertura de capital (IPO) do Burger King na Bovespa em 18 de dezembro de 2017 (presente de aniversário!). No capítulo 2, você saberá o desenrolar dessa experiência importante para o meu desenvolvimento.

Após esse *exit*,[1] fiz consultorias, palestras, investi em startups no Brasil e no exterior e me encontrei novamente no

---

1   O momento de *exit* é a venda total ou parcial da participação de sócios ou investidores. Para saber mais: https://www.whow.com.br/que-preciso-pensar-momento-exit-de-startup/.

empreendedorismo. Porém, com um objetivo maior: seguir os meus próprios sonhos para construir um negócio capaz de projetar a minha visão de mundo, sem sentir culpa nem me importar com o julgamento alheio. Por exemplo, quando fui aprovada no processo seletivo para estudar na Harvard Business School, a Marcela tinha pouco mais de 1 ano, e embarquei para passar trinta dias em Boston, nos Estados Unidos.

Foi uma decisão muito difícil porque, de um lado, ficava com o coração apertado por deixar a minha filha tão novinha; de outro, achava que precisava viver aquela experiência. Seria (e foi) importante para mim. É por isto que escrevi este livro: para gritar ao mundo que, sim, dá para nos libertarmos das expectativas que nos cerceiam e nos entristecem.

AS CHAVES DE EMPODERAMENTO

Não por acaso a minha empresa, voltada à educação on-line para o mercado imobiliário, chama-se ilimitz, que quer dizer conhecimento ilimitado para um mercado de possibilidades infinitas. Como mulher, cada dia mais me dou o direito de sonhar, ser e fazer grande. Ganância é ruim, mas ambição é para o bem e movimenta a vida. Mesmo assim, o que não falta é gente querendo cortar as nossas asas. Mas por quê?

Somente eu posso controlar a minha mente, o meu corpo, a minha vontade, o meu futuro, e resolvi escrever este livro para incentivar uma legião de mulheres a fazer isso também. Você precisa (re)tomar o seu poder sobre si, ou ficará difícil seguir os seus instintos e maximizar todo o seu potencial. Não se contente em viver de acordo com o que as pessoas querem que você seja e faça. Não permita isso!

Identificar o que a faz se sentir aprisionada à vontade dos outros será só o começo para assumir, de uma vez por todas, as rédeas do seu destino. Para você que quer ter e transmitir essa liberdade às meninas deste país, vou contribuir com reflexões, *cases*, estudos e informações de mercado, injeções de autoestima, além de um plano prático para decolar suas ideias – as melhores e mais lucrativas – e fazer negócios que garantirão independência financeira e emocional para voar alto e longe.

Este livro é sobre ser, de fato, dona das próprias escolhas, ver seus sonhos e anseios valorizados e fazer as coisas acontecerem de uma maneira que faça sentido, sobretudo, para si mesma. Que ele seja uma ferramenta de empoderamento das mulheres!

E já adianto que essa conquista está fortemente conectada com a entrada de dinheiro no bolso, por permitir a quebra de diversos elos de dependência inconcebíveis nas relações de afeto e de trabalho dos dias atuais. Assim, nas próximas páginas, vamos tratar de independência financeira sob uma ótica mais ampla, uma que não se resume a aprender como investir bem o seu dinheiro, embora seja uma atitude maravilhosa. Está muito mais ligada a uma virada de chave na sua trajetória e na sua capacidade de ganhar dinheiro.

No momento em que virei essa e outras chaves de empoderamento, agi em três frentes: visão (mudando o **modelo mental**), ação (explorando o **marketing**) e resultado (olhando para a **matemática** do negócio). Esse tripé se transformou em um método próprio, que apresentarei em capítulos aprofundados. E tem mais: tudo isso se concretizou somente porque aprendi a planejar e desenvolver habilidades essenciais para empreender com sucesso, como a de cuidar dos números que importam.

SEM ESSA DE SE CONTENTAR COM POUCO

Foi ao me jogar de corpo e alma em todos os projetos que aprendi a empreender; foi basicamente um ensinamento da vida. Alguns desses projetos deram errado, outros deram certo, e outros deram *muuuito* certo. É por isso que amo esta frase atribuída a Nelson Mandela:[2] "Eu nunca perco. Ou eu ganho, ou eu aprendo". Colocamos tanto empenho e determinação naquilo a que nos propomos, mesmo enfrentando tantas portadas na cara, desafios e perrengues, que vamos ficando mais experientes, maduras, fortes – ou, como se diz popularmente na minha cidade, "o nosso couro engrossa".

Por trás dessa força, só nós, mulheres, sabemos como dói termos de provar o tempo todo a nossa competência nos ambientes executivos. Os ambientes de negócios ainda são majoritariamente masculinos. Moro em uma das cidades mais machistas do Brasil,[3] por isso acredito que lidar com a dor não é a maior dificuldade para as mulheres, mas, sim, ter de se esforçar, e muito, em razão da desigualdade de oportunidades por gênero. Haja energia e inteligência emocional para conseguirmos ser notadas pelos motivos certos e sem tantos sacrifícios!

Assédio sexual, assédio moral. Diferenças salariais injustificáveis. Cenas de machismo velado ou explícito. Comentários preconceituosos ou brincadeiras "inocentes" que nos fazem colocar um sorriso amarelo no rosto para não soarmos deselegantes e nem fecharmos as portas de uma negociação ou de um projeto em andamento. Vamos levando... até ficar insustentável, até tomarmos consciência da nossa real identidade e, finalmente, darmos um basta e exigirmos respeito em todas as nossas relações.

Aliás, que tal recomendar esta leitura aos homens da sua vida? Pode ser um chefe, cliente, grande amigo, namorado ou marido,

---

2   QUATRO reflexões para melhorar seu desempenho profissional. **Exame**, 8 nov. 2019. Disponível em: https://exame.com/colunistas/sua-carreira-sua-gestao/quatro-reflexoes-para-melhorar-seu-desempenho-profissional/. Acesso em: 3 jul. 2022.

3   BRETAS, V. Os piores estados para ser mulher no Brasil. **Exame**, 16 jul. 2017. Disponível em: https://exame.com/brasil/os-piores-estados-para-ser-mulher-no-brasil. Acesso em: 8 ago. 2022. CARVALHO, L. Regiões Centro-Oeste e Norte são as mais machistas do país, diz pesquisa. **G1**, Distrito Federal, 11 out. 2017. Disponível em: https://g1.globo.com/distrito-federal/noticia/regioes-centro-oeste-e-norte-sao-as-mais-machistas-do-pais-diz-pesquisa.ghtml. Acesso em: 8 ago. 2022.

filho... Essa atitude facilitará o diálogo sobre as muitas barreiras impostas a mulheres como eu e você e ajudará a derrubá-las gradativamente. Eles não nasceram sabendo de tudo isso, e cabe a nós também mostrar a nossa perspectiva, explanar com maturidade e empatia sobre os nossos pontos de descontentamento e oportunidades de crescimento.

Todas nós conhecemos mulheres que não estão explorando todo o potencial porque permitem que outras pessoas digam a elas o que podem ou não fazer. A quem está nesse estágio mental e comportamental, espero que termine esta leitura fazendo, como primeiro passo, uma análise do seu capital financeiro. O passo seguinte será planejar a sua independência, sentindo-se merecedora de tudo que vai conquistar. Poderá contar com o plano apresentado aqui para canalizar a sua força e gerar negócios com riqueza. Selecionei, ainda, ferramentas gratuitas que você acessará pelos QR Codes contidos neste livro e também no meu site: christaveira.com.br.

E então? Está pronta? Mire lá em cima, bem no alto. É preferível usar a sua vontade como trampolim para subir mais alto que a média do que ficar pensando que não consegue alcançar – e nem ao menos começar algo diferente.

O empreendedorismo treinará a sua capacidade de execução, de mobilização e de lucratividade com os resultados. Ele funciona como um passaporte para essa mudança de vida, direcionando mente, coração e ação a um bem maior: você. Prepare-se para empreender do jeito certo, ganhar dinheiro com seu negócio, alcançar liberdade financeira e se empoderar de verdade.

Tripulação: ok!

Nave: ok!

Destino: ok!

Partiu!

Seu plano de empoderamento foi lançado com sucesso, e esse voo vai mudar a sua história.

O **empreendedorismo** treinará a sua capacidade de execução, de mobilização e de lucratividade com os resultados.

@christaveira

AMEAÇAS INVISÍVEIS

CAPÍTULO 1 ←

Início de 2004, e me lembro como se fosse ontem. Eu havia pedido demissão do meu emprego de designer em uma agência de propaganda para abrir meu primeiro CNPJ. O gerente da empresa dizia que eu ia me arrepender, mas eu só pensava: *Recebo menos que um salário mínimo, e a única certeza que tenho é de que quero e de que vou ganhar mais dinheiro.*

Meu primeiro negócio próprio foi uma "eugência" de propaganda; ou seja, prestava serviço como freelancer fazendo de tudo um pouco, sem nenhum planejamento de quanto queria ganhar – nem de quantos clientes precisaria captar. Trabalhava em casa sem noção dos meus custos para cobrar um preço justo.

Comecei a empreender achando que teria mais tempo para mim, que encontraria muitas pessoas para trabalhar no meu lugar e que ganharia rios de dinheiro. A realidade me deu um tapa na cara e me mostrou um cenário bem diferente. Entretanto, esse foi, sem dúvida, o passo mais importante que dei para, em agosto de 2018, palestrar no Centro de Convenções Goiânia para uma plateia de 2 mil pessoas, falando da minha jornada empreendedora: como comecei do zero e me tornei acionista de uma empresa multimilionária.

A minha verve empreendedora nasceu de uma inquietude e se transformou em uma grande paixão. Não tem nada a ver com o que eu faço, mas com quem eu sou. E eu espero que você também descubra no empreendedorismo um portal para a sua liberdade.

Assim como eu, há uma quantidade enorme de mulheres empreendendo em empresa própria ou não, e a maioria comete o erro de pensar pouco em *como* maximizar seus resultados – especialmente os financeiros. E não é por falta de empenho. Afinal, elas precisam comprovar o tempo todo que têm qualidades de sobra para ganhar um voto de confiança.

UM MERCADO DOMINADO POR HOMENS

O ambiente corporativo costuma ser desafiador e intimidador. Em geral, as mesas são formadas majoritariamente por homens e, para sermos reconhecidas pelos motivos certos, muitas vezes escondemos a nossa feminilidade atrás de roupas masculinas e até de quilos extras (acredite!) ou de um cabelo curto; tudo isso para concluir uma negociação. No alto escalão das médias e pequenas empresas também não é diferente. Por isso a representatividade é tão importante.

Uma matéria da revista *Exame*[4] revelou que quase 40% das micro e pequenas empresas no Brasil são lideradas por mulheres. Muitas delas tentam se capitalizar para desenvolver negócios, mas o acesso a crédito e linhas de financiamento é muito complicado para a ala feminina. Tiveram seu pedido negado quase metade (47%) das participantes da sexta edição da pesquisa anual do Instituto Rede Mulher Empreendedora em parceria com o Instituto Locomotiva.[5]

---

4 MULHERES são donas de quase 40% dos micro e pequenos negócios. **Exame**, 4 abr. 2022. Disponível em: https://exame.com/bussola/mulheres-sao-donas-de-quase-40-dos-micro-e-pequenos-negocios. Acesso em: 4 jun. 2022.

5 DIAS, M. C. Empreender ajudou 48% das mulheres a saírem de relações abusivas. **Exame**, 1º nov. 2021. Disponível em: https://exame.com/pme/empreendedorismo-ajudou-a-sair-relacoes-abusivas-pesquisa/. Acesso em: 31 ago. 2022.

Já as que conseguiram investimentos de fundos de *venture capital*, ou qualquer outro meio de levantar dinheiro, receberam menos que os empresários homens e ainda pagaram juros maiores, segundo análises realizadas pelo Serviço Brasileiro de Apoio às Micro e Pequenas Empresas (Sebrae).[6] E sabe o que é mais discrepante? Se comparadas aos homens, as mulheres são melhores pagadoras. Ou seja, ao considerarmos os juros, nem o fato de o índice de inadimplência das mulheres ser menor traz vantagens.

Isso, sim, é um grande problema para as mulheres, porque menos acesso ao crédito dificulta que elas construam um negócio com caixa saudável, o que as impede de voar.

As mulheres deveriam ter voz em todos os lugares e palcos, pois representam mais da metade da população do Brasil, segundo os indicadores sociais do Instituto Brasileiro de Geografia e Estatística (IBGE),[7] e são, na média, mais instruídas. Entretanto, são minoria até mesmo em cargos gerenciais (37,4%) e, de modo geral, ganham 77,7% do rendimento dos homens que ocupam as mesmas funções.

Além disso, nem um terço (26%)[8] trabalha com Ciência, Tecnologia, Engenharia e Matemática, áreas consideradas cruciais para o futuro da humanidade. E poucas têm mentalidade de investidora e transitam com desenvoltura no universo das empresas escaláveis (que é o meu atualmente). Mas por quê? Porque não foram culturalmente preparadas para focar isso.

---

6   POR QUE é fundamental estimular o empreendedorismo feminino? **Portal Sebrae**, 8 mar. 2019. Disponível em: https://www.sebrae.com.br/sites/PortalSebrae/artigos/por-que-e-fundamental-estimular-o-empreendedorismo-feminino,ca96df3476959610VgnVCM1000004c00210aRCRD. Acesso em: 6 out. 2021.

7   ESTATÍSTICAS de gênero: ocupação das mulheres é menor em lares com crianças de até três anos. **Agência IBGE Notícias**, 4 mar. 2021. Disponível em: https://agenciadenoticias.ibge.gov.br/agencia-sala-de-imprensa/2013-agencia-de-noticias/releases/30172-estatisticas-de-genero-ocupacao-das-mulheres-e-menor-em-lares-com-criancas-de-ate-tres-anos. Acesso em: 6 out. 2021.

8   FERNANDES, A. Mulheres são só 26% em profissões tecnológicas. **Valor Econômico**, 10 set. 2021. Disponível em: https://valor.globo.com/brasil/noticia/2021/09/10/mulheres-sao-so-26-em-profissoes-tecnologicas.ghtml. Acesso em: 6 out. 2021.

Quando eram garotas, começaram o que muitos estudiosos chamam de "problemas de entrada" na vida adulta e produtiva. Vieram outros depois para embarreirar suas vitórias, como a jornada dupla – ops, múltipla, porque conciliam vida doméstica, familiar e profissional. Isso tudo somado ao machismo estrutural, ao racismo e às várias formas de violência de gênero.

Chamo atenção para um tipo bastante atual, a violência virtual, que inclui perseguição on-line (*cyberstalking*), exposição de imagens íntimas e discursos de ódio. Não podemos ignorar, também, que o Brasil é top 5 em homicídios de mulheres de todas as classes sociais[9] e perpetrador de agressões físicas, psicológicas, sexuais e simbólicas que afetam a dignidade e o bem-estar.

As mulheres, em sua maioria, precisam e querem trabalhar, principalmente por questões financeiras. Mas, desde a infância, escutaram que não eram capazes de liderar empresas e que não eram boas com números; então passaram a acreditar nisso, o que afetou o interesse em disciplinas escolares capazes de formá-las nessas trilhas do conhecimento. E havia mais um agravante: não tinham muitas referências de grandes empresárias e executivas que pudessem inspirá-las.

O desperdício de talentos femininos é gritante! Nas 408 empresas de capital aberto estudadas[10] pela Bolsa de Valores do Brasil (B3) em 2021, 25% tinham apenas uma mulher ocupando cargo de direção. Em 6%, havia três ou mais, enquanto em 61% o resultado foi um zero bem redondo. Outro levantamento no ecossistema de inovação e capital de risco revelou que apenas 4,7% das startups são fundadas

---

9   FRANCHESCHINI, M. Brasil é o quinto país do mundo em ranking de violência contra a mulher. **G1**, 10 set. 2015. Disponível em: https://g1.globo.com/hora1/noticia/2015/11/brasil-e-o-quinto-pais-do-mundo-em-ranking-de-violencia-contra-mulher.html. Acesso em: 12 ago. 2022.

10 JANKAVSKI, A. Mulheres continuam longe dos cargos de liderança nas empresas, diz estudo da B3. **O Estado de S. Paulo**, 6 out. 2021. Disponível em: https://economia.estadao.com.br/noticias/sua-carreira,mulheres-continuam-longe-dos-cargos-de-lideranca-nas-empresas-diz-estudo-da-b3,70003860970. Acesso em: 6 out. 2021.

As mulheres deveriam **ter voz** em todos os lugares e palcos.

por mulheres e outras 5% têm um time híbrido[11] (na Rocket somos dois sócios homens e duas mulheres e prezamos muito pela diversidade e inclusão).

SOBRECARREGADAS POR SEMPRE "DAREM UM JEITO"

Como se não bastassem as dificuldades que apontei até aqui, a pandemia de covid-19, além de centenas de mortes, trouxe uma crise econômica que prejudicou mais expressivamente alguns grupos, como o feminino. Entre os motivos, o isolamento social abalou muito os negócios do setor de serviços, no qual trabalham muito mais mulheres que homens, e aumentou a carga de trabalho doméstico. Um levantamento do IBGE[12] forneceu uma dimensão do choque da pandemia: 8,5 milhões de mulheres deixaram a força de trabalho no terceiro trimestre de 2020, significando uma queda de 14% em comparação ao mesmo período do ano anterior.

A vida das mães que trabalham, especificamente, virou um caos naqueles longos meses em que os filhos tiveram aulas on-line. Trabalhar em esquema home office e ao mesmo tempo monitorá-los nas tarefas era uma jornada bem pesada. Desligar-se do cuidado com a família é difícil. Fechar a porta avisando "estou trabalhando", como muitos homens fazem, não é uma postura típica das mulheres.

No fim das contas, a mentalidade é de que "a gente sempre dá um jeito. Se o pai não pode, quem vai poder? Mesmo estando

---

[11] ARBEX, G. Ecossistema de inovação tem apenas 4,7% de startups fundadas por mulheres. **Forbes**, 8 mar. 2021. Disponível em: https://forbes.com.br/forbes-tech/2021/03/ecossistema-de-inovacao-tem-apenas-51-de-startups-fundadas-por-mulheres. Acesso em: 7 out. 2021.

[12] BRIGATTI, F. Pandemia deixa mais da metade das mulheres fora do mercado de trabalho. **Folha de S.Paulo**, 1 fev. 2021. Disponível em: https://www1.folha.uol.com.br/mercado/2021/02/pandemia-deixa-mais-da-metade-das-mulheres-fora-do-mercado-de-trabalho.shtml. Acesso em: 1º ago. 2022.

ocupadíssima, eu me viro aqui". É a cilada de tentar ser multitarefa. Li sobre um estudo europeu, inclusive, que mostrava ser mito que as mulheres, biologicamente falando, são melhores em multitarefas do que os homens; elas apenas trabalham mais e ainda têm a saúde mental afetada.[13] Com isso, a gente se sente sobrecarregada, cansada física e emocionalmente. Fazemos várias coisas ao mesmo tempo sem foco e quase sempre sem organização, e achando que isso é produtividade, quando na verdade não é.

A rotina é exaustiva e só dá para pensar no que vem pela frente (*Eu tenho que cuidar do dia de hoje e de amanhã*). Essa é uma visão pontual, de quem só pensa em "matar um leão por dia" e quer saber logo qual é o problema a ser resolvido – desconsiderando objetivos de médio e longo prazo, que são os que de fato provocam grandes mudanças.

Não dá tempo de pensar em alternativas para melhorar a sua produtividade com lucratividade, querendo ser a "Gata Borralheira" da sua história.

Imagine viver correndo para o trabalho, depois saindo às pressas para levar o filho à escola, depois dando um pulo no supermercado, depois correndo de volta para o trabalho. Passadas algumas horas, corre de novo para buscar o filho na escola, em seguida corre com ele para o dentista e reza para chegar em casa a tempo de fazer uma live ou curso on-line...

"*Mãetoristas*" não vão longe, pois quase nunca dizem "eu não posso". É sempre "eu dou um jeito".

Em 2019, recebi um convite do Governo do Estado de Goiás para elaborar o planejamento do ecossistema de inovação do estado, dada minha experiência investindo em startups e contribuindo com iniciativas de inovação em todo o país. Foi uma vivência única e muito

---

13 HIRSCH, P.; KOCH, I.; KARBACH, J. Putting a stereotype to the test: The case of gender differences in multitasking costs in task-switching and dual-task situations. **Plos One**, 14 ago. 2019. Disponível em: https://journals.plos.org/plosone/article?id=10.1371/journal.pone.0220150. Acesso em: 12 ago. 2022.

desafiadora, principalmente pela necessidade de cumprir horários e me reportar à hierarquia do sistema.

Eu tinha uma equipe enxuta, muitas responsabilidades e uma agenda surreal de reuniões intermináveis para conseguir conciliar as agendas de todas as secretarias do estado no plano de inovação. Além disso, em 90% dos casos, era eu quem levava as crianças para o médico, a escola, o dentista, as atividades extracurriculares etc.

Certa vez, estava em reunião com o governador do estado e alguns executivos vindos de São Paulo para tratarmos da Campus Party Goiás, um evento para 80 mil pessoas que eu estava liderando. O telefone tocou, era alguém da escola. Imediatamente pedi licença para atender: houvera um pequeno acidente com meu filho. Liguei para meu ex-marido, que também estava em reunião e não pôde atender. Tive de dar um jeito pedindo socorro à minha mãe. Felizmente, ela conseguiu buscar o Arthur na escola.

Os poucos minutos que passei *off* para resolver essa questão foram suficientes para ativar meu sentimento de culpa por não ter largado tudo para buscar meu filho, e isso me desconectou emocionalmente da reunião. No entanto, eu precisava concluir a pauta com o governador e sufoquei a minha preocupação para finalizar a reunião. Dois sentimentos contraditórios e potentes que drenaram por completo a minha energia.

Vale ressaltar que, em muitos casos, a situação é ainda pior. Além de as mulheres não terem rede de apoio, a paternidade no Brasil é facultativa. Muitos pais nem sequer participam da educação e da rotina dos filhos, deixando toda a responsabilidade nos ombros das mulheres que se assumem como chefes de família. Segundo o Instituto de Pesquisa Econômica Aplicada (Ipea),[14] isso já acontece

---

14 ESTUDO mostra desigualdades de gênero e raça no Brasil em 20 anos. Assessoria de imprensa e comunicação Ipea. **Ipea**. Disponível em: https://www.ipea.gov.br/portal/mestrado-profissional-em-politicas-publicas-e-desenvolvimentodesafios/index.php?option=com_content&view=article&id=2832:catid=28&Itemid=23. Acesso em: 1º ago. 2022.

em pelo menos 40% dos lares, mostrando que a realidade brasileira está cada vez mais distante da que é apresentada nos "comerciais de margarina". E só para dar uma ideia do abandono de filhos no Brasil, 80 mil crianças foram registradas, de janeiro a agosto de 2020, em cartório com apenas o nome da mãe na certidão de nascimento.[15]

Não é de estranhar que muitas mulheres estejam exaustas e sem tempo e disposição – tampouco dinheiro – para batalhar por seus desejos (que desejos?!) e anseios. Até mesmo as solteiras vivem situações desfavoráveis, porque algum dia poderão decidir engravidar. A simples hipótese tende a prejudicá-las em processos seletivos para vagas dos sonhos, na disputa por uma promoção ou atenção de um investidor para sua ideia de negócio.

A mulher é muito cobrada para fazer tudo sempre certo nos papéis que desempenha (de mãe, filha, esposa, profissional etc.) e se acostuma com a autocobrança exagerada. Com isso, morre de medo de fracassar e, consequentemente, acaba delegando os cuidados com as finanças a um homem – marido, gerente bancário, irmão... –, uma vez que foi treinada culturalmente a crer que ele, sim, saberá administrar o dinheiro.

Quando o assunto é maternidade, inclusive, a balança da dedicação sempre pende mais para o lado da mulher. Muitas, quando se veem grávidas, interrompem ou desaceleram a própria ascensão profissional por culpa, necessidade e/ou cobrança social. O mais cruel é saber que metade das gestantes é demitida até dois anos após a licença-maternidade, segundo estudo da Fundação Getulio Vargas (FGV),[16] devido ao pensamento de que os cuidados com os filhos são praticamente exclusividade delas. Meses ou anos depois,

---

15 LÁZARO, N. Dia dos Pais pra quem? Com 80 mil crianças sem pai, abandono afetivo cresce. **Metrópoles**, 8 ago. 2020. Disponível em: https://www.metropoles.com/brasil/dia-dos-pais-pra-quem-com-80-mil-criancas-sem-pai-abandono-afetivo-cresce. Acesso em: 1º ago. 2022.

16 NETO PINHO, V. Mulheres perdem trabalho após terem filhos. **Fundação Getulio Vargas (FGV)**, s.d. Disponível em: https://portal.fgv.br/think-tank/mulheres-perdem-trabalho-apos-terem-filhos. Acesso em: 9 out. 2021.

quando as mulheres tentam voltar ao mercado de trabalho, geralmente recomeçam em cargos inferiores.

Assim, a maternidade, que também tem seu lado fascinante, transforma-se em uma decisão angustiante, justamente por poder comprometer a estabilidade financeira e profissional. E se, ainda por cima, a mulher não puder contar com o reconhecimento e apoio de seu parceiro, a situação fica muito, muito mais injusta.

ACOSTUMADAS À ESCASSEZ DE DINHEIRO E A BAIXAR A CABEÇA

Dinheiro e poder na mão das mulheres é algo recente (e vamos aprofundar essa discussão no capítulo 3); ainda estamos aprendendo a lidar com o assunto. Por isso, a consciência e o diálogo que trago nestas páginas são de suma importância para nos ajudar a desacostumar, de uma vez por todas, com a escassez de dinheiro.

Contentar-se com pouco na vida. Sentir que está no ciclo de "vender o almoço para pagar a janta". Saber que sempre falta dinheiro para cuidar de si por ter outras prioridades... Muitas mulheres ainda vivem nesse padrão de escassez. Ficam presas à crença limitante de "Ah, eu ganho o bastante para poder pagar as minhas contas" e não têm dinheiro extra, um respiro financeiro, uma reserva para usufruírem como bem desejarem.

Mentalizam ganhar o suficiente para sobreviver e pouco refletem sobre como conseguir mais, ou seja, acabam se acostumando e se acomodando com essa situação. Nós, mulheres, nos contentamos com pouco porque não nos consideramos merecedoras – e às vezes chegamos ao ponto de pensar que somos uma fraude. Já vi muitas mulheres declarando que sentem que a qualquer momento o mundo vai descobrir que elas não são "isso tudo".

Não dá tempo de pensar em alternativas para melhorar a sua produtividade com lucratividade, querendo ser a "Gata Borralheira" da sua história.

Uma das mulheres que mais admiro é a ex-primeira-dama dos Estados Unidos Michelle Obama. Reza a lenda que ela teria reconhecido um ex-namorado que trabalhava como garçom em uma festa na Casa Branca. Em tom de brincadeira, ouviu de Barack que, se tivesse casado com o ex, seria garçonete na festa. Michelle, respondeu: "Claro que não, meu bem. Se eu tivesse me casado com ele, hoje ele seria presidente dos Estados Unidos".

Em meus eventos para mulheres, sempre me surpreendo com a quantidade de depoimentos de mulheres que construíram patrimônio com seus parceiros. Entretanto, por não conversarem sobre dinheiro e bens, ficam vulneráveis em suas relações e desassistidas em caso de divórcio, acidentes ou mesmo falecimento do cônjuge.

Um casamento é um tipo de sociedade. Por isso, existe um contrato chamado pacto pré-nupcial para que as partes acordem os termos dessa "parceria". Simples assim. Ou deveria ser. O que for acordado tem que ser cumprido quando está tudo bem entre o casal, e é preciso diálogo sobre a aquisição de bens e construção de patrimônio.

Porém, enquanto algumas mulheres tiverem uma relação ruim com dinheiro, alimentarem crenças como "dinheiro é sujo", "eu não gosto de mexer com dinheiro", "odeio falar sobre dinheiro", e "delegar" (ou melhor, "de*largar*") toda a responsabilidade financeira da família para o outro, elas continuarão reféns do próprio bolso.

Espera-se que a sociedade esteja cada vez mais aberta e madura para esse tipo de diálogo, que requer tempo para construção. Precisamos trazer esse assunto à pauta. Não se devem evitar conversas difíceis só porque elas são difíceis. Antecipe-se aos dilemas para que eles não se transformem em problemas ou, se isso acontecer, que não sejam tsunamis, e sim ondas pequenas.

AUTOESTIMA MACHUCADA

Muitas mulheres escondem o fato de ganhar mais que o parceiro, por não ser o padrão social, e toleram ser maltratadas e até traídas por ele, permanecendo dependentes, psicológica e emocionalmente, de uma relação tóxica. Machucar a autoestima dessas mulheres é uma maneira machista de reafirmar a própria masculinidade, mesmo podendo ocorrer de modo velado e inconsciente. Resultado: quanto mais baixa vai ficando a autoestima, mais acham que não merecem crescer, que são uma fraude, que não são boas o suficiente.

Relações tóxicas destroem sonhos e a autoestima das pessoas. Quando são superdependentes financeira ou emocionalmente e ouvem sempre barbaridades como: "Você não vai ser nada sem mim", as mulheres sofrem caladas. Elas têm medo de se desprender desses relacionamentos, pois podem desencadear aquelas violências que mencionei anteriormente, sendo que a primeira é a psicológica.

Ao conversar com um cliente da área médica, percebi que ela atendia uma parcela de mulheres que relatavam medo de ser traídas pelo marido, ou trocadas por outra mais jovem, e de não conseguir se relacionar com mais ninguém. Ficavam tão ansiosas que compensavam com comida. Diziam ser o único prazer que tinham, ficando cada vez mais presas a esse ciclo que nocauteava a autoestima.

Sabe a frase "Eu tenho medo de o meu marido me largar"? Gostaria de dizer que mulher não é um saco de lixo para ser "largada" em algum lugar. Mas compreendo que, dependendo de quem está ao seu lado, essa pessoa pode fazer a sua vida ser bem ruim e infeliz e ser capaz de fazer a sua vida perder o sentido. É capaz de destruir não apenas as suas ambições profissionais mas também a sua autoimagem. E, quanto mais dependência financeira e menos estrutura emocional tiver, mais se sentirá aprisionada nessa relação tóxica.

38 PRESAS À "RENDINHA EXTRA"

Associar a prática de empreender com investir em renda complementar é outra limitação que atrasa o sucesso feminino; ou seja, pensar apenas em ganhar dinheiro extra, e não necessariamente em criar uma empresa que gere dinheiro em abundância. Agir assim é se contentar com pouco, às vezes trabalhando na informalidade e enfrentando altos e baixos nas finanças, quando, na verdade, poderia entrar no jogo para ganhar de goleada, para ser a nova grande empresária de sua família, cidade, país. Por que não?

Mesmo tendo acesso a tantos cursos, livros, workshops etc., muitas mulheres não conseguem enxergar o próprio valor na hora de precificar os seus produtos e/ou serviços.

Falta olhar como um negócio que precisa prosperar, gerar empregos e até atrair investidores. Já pensou em receber alguém interessado em comprar a sua operação? Colocar dinheiro no bolso e partir para um novo empreendimento? "Escalar" é uma palavra linda!

Se, por exemplo, você começou fazendo bolo de pote caseiro, por que não vislumbrar transformar o seu negócio em uma confeitaria e depois em uma rede? Por que não planejar uma segunda linha para atender restaurantes e uma terceira para vender nos supermercados? Muitas das minhas alunas trabalham com alimentação, e, quando eu as questiono sobre suas ambições, elas chegam com respostas prontas: "Está bom assim". Cuidado!

Pense com carinho a respeito desse tipo de resposta, pois ela pode mascarar crenças limitantes profundas, como a de achar que você não é merecedora. Quando você sonha pequeno, tem em mente a renda extra e acha que "dá um jeito", fica difícil se convencer de que deve contratar mais, arriscar mais, desgastar-se menos, aprender mais sobre gestão e, assim, transpor sua participação do operacional para o estratégico.

Decida ganhar mai$!

Sem uma visão mais profissional, seu empreendimento vai ficando frágil, podendo quebrar, diante da "tempestade perfeita" provocada pela combinação de crises (econômica, política, sanitária...). Isso aconteceu com 62% das mulheres que tinham negócios estabelecidos, de 2019 para 2020, quase o dobro do verificado entre os homens (-35%), segundo mostrou a pesquisa Global Entrepreneurship Monitor (GEM) 2020.[17] A pandemia de covid-19 deixou uma lição: tenha sempre uma reserva financeira para emergências.

COM EMPREGO E COM CARTEIRA ASSINADA ATÉ QUANDO?

Quando a mulher não desenvolve uma atividade para se sentir produtiva, capaz, autoconfiante, também não tem liberdade financeira para fazer o que quiser e não vira dona da própria história. E, quando isso não acontece, tem menos chance de interromper ciclos de violência e dependência contra si e sua família. Não dá para dissociar uma coisa da outra.

Isso nos leva a outro ponto de atenção. Para aumentar suas oportunidades de trabalho, o estímulo ao empreendedorismo feminino não pode ser interrompido. O futuro aponta para cada vez menos empregos em regime CLT (Consolidação das Leis do Trabalho) e mais contratações por demandas ou projetos voltados a profissionais com CNPJ. O livro *Organizações exponenciais*[18] explica bem essas mudanças.

---

17 A pesquisa GEM 2020 teve o apoio do Sebrae e do IBPQ (Instituto Brasileiro de Qualidade e Produtividade). Fonte: BRASIL perdeu 10 mi de empreendedores em 2020; mulheres foram mais afetadas. **UOL**, 8 jun. 2021. Disponível em: https://economia.uol.com.br/empreendedorismo/noticias/redacao/2021/06/08/pesquisa-sebrae-global-entrepreneurship-monitor-2020-pandemia.htm. Acesso em: 9 out. 2021.

18 GEES, Y. V.; ISMAIL, S.; MALONE, M. S. **Organizações exponenciais**: por que elas são 10 vezes melhores, mais rápidas e mais baratas que a sua (e o que fazer a respeito). Rio de Janeiro: Alta Books, 2019.

Ou seja, emprego convencional será escasso e, para muita gente, a única saída será empreender, criar pequenos negócios e fazê-los se transformar em algo bom, rentável e que proporcione uma condição de vida decente. De um lado, isso traz vantagens, por exemplo, trabalhar nas melhores empresas do mundo, independentemente do seu local de residência, ter mais de uma empresa cliente (algumas com contrato físico) e, o mais importante, em horários flexíveis, afinal, para quem é mãe, flexibilidade é palavra de ordem.

Em contrapartida, os custos também crescem nesse modelo, pois há taxas e impostos, contador, planos de saúde e de previdência próprios, subcontratação de equipe conforme as tarefas, além de despesas com água, energia elétrica, internet, impressora e afins. Portanto é imprescindível aprender a fazer a gestão do seu capital. Leia-se: ganhar e gerenciar dinheiro, além de investi-lo para multiplicar.

Você precisa olhar para a razão dos problemas e enxergá-los como eles são, a fim de buscar uma saída. Eles são como correntes aprisionadoras, mas você pode se dar o poder de quebrá-las tomando decisões diferentes agora. Você sente essa vontade? Eu também senti e no próximo capítulo explicarei o que fiz com a minha.

Você precisa olhar para a razão dos problemas e enxergá-los como eles são, a fim de buscar uma solução. Eles são como correntes aprisionadoras, mas você pode se dar o poder de **quebrá-las** tomando decisões diferentes agora.

AS CORRENTES QUE PRENDEM VOCÊ

CAPÍTULO 2

Sempre que nos distanciamos dos nossos instintos, da nossa intuição e de tudo aquilo que nos conecta à fonte da vida, silenciamos uma parte importante da nossa natureza e percebemos a vitalidade se esvair no esforço de ser tudo para todos e menos para nós. E é impressionante como pouco falamos sobre isso!

Em *Mulheres que correm com os lobos*,[19] Clarissa Pinkola Estés, psicanalista junguiana, faz brilhantes reflexões ao analisar a psique da mulher a partir de contos antigos. Sempre que releio esse livro, penso em como a modernidade aprisiona as mulheres em um lugar de apatia e de saudade da sua força selvagem e espiritual.

Durante uma fase em que eu precisava entender o meu sentimento de vazio, apesar das inúmeras glórias que havia conquistado, Estés me provocou a fazer questionamentos importantes sobre a minha essência e a minha real identidade, levando-me para um campo de consciência e de poder de realização que vou compartilhar nas próximas páginas.

Talvez, neste exato momento, você se sinta mais sobrecarregada do que deveria. Faz tudo pelos outros, mas quase não sobra tempo e dinheiro para cuidar de si mesma. **Então você passa a se anular. Vai se calando e se conformando com a sua versão incompleta. É insuficiente.**

---

19   ESTÉS, C. P. **Mulheres que correm com os lobos**. Rio de Janeiro: Rocco, 2018.

É pequeno para a grande mulher que você gostaria de ser. Porém você não sabe como quebrar as correntes que prendem seu corpo e sua alma e que a impedem de se aventurar mais.

Por isso, é possível que você entre no piloto automático, deixando que a vida a leve. Até que, de repente, alguma coisa inesperada acontece. Pode ser falta de dinheiro para quitar todas as contas que chegam à sua casa. Ou então você pode ter recebido aviso de demissão do seu emprego mais ou menos. Talvez você tenha se separado daquela pessoa que prometeu amor eterno e não cumpriu. Ou simplesmente se olhou no espelho e se achou um pouco esquisita.

O motivo pode variar, mas a consequência para a maior parte das mulheres é uma só: pisar no freio dos próprios sonhos (de novo!) e encontrar uma solução prática e imediata chamada "empreender por necessidade". Foi assim com você? Saiba que não está sozinha. Se serve de consolo, o número de empreendedores iniciais por necessidade saltou em 2020 de 37,5% para 50,4%, segundo a pesquisa GEM 2020.[20]

Você arregaça as mangas e fica cuidando ali do seu ganha-pão, achando que não é capaz de nada mais. Isso fica evidente quando repete para si mesma que "É só para ter uma rendinha extra", mesmo sabendo que a sua ideia é boa, que seu produto é o melhor do seu nicho, que ganha elogios da sua clientela mais fiel.

Ok, você pode estar começando um novo negócio ou topando algum convite de trabalho porque precisa de dinheiro a curto prazo para cuidar dos filhos, dos familiares ou da própria vida. Não há nada de errado nisso – foi assim que eu comecei a empreender, inclusive.

---

20 O relatório Global Entrepreneurship Monitor (GEM) 2020 é realizado no Brasil pelo Serviço Brasileiro de Apoio às Micro e Pequenas Empresas (Sebrae) em parceria com o Instituto Brasileiro de Qualidade e Produtividade (IBPQ). Fonte: ROCHA, I. Empreendedorismo no Brasil dispara; é hora de abrir o próprio negócio? **Exame**, 24 set. 2021. Disponível em: https://exame.com/pme/empreendedorismo-no-brasil-dispara-e-hora-de-abrir-o-proprio-negocio. Acesso em: 23 out. 2021.

O que está errado, embora aconteça frequentemente, é se jogar em um negócio sem planejar nem pensar nas oportunidades de mercado, porque a urgência fala mais alto, enquanto a sua autoestima e autoconfiança vão para o ralo.

O resultado, você conhece bem: mergulha em uma jornada de trabalho intensa, responsabilizando-se por manter de pé a operação e todo o resto. É exaustivo. É caótico. Faz com que perca a fé em si mesma, que se acostume com resultados razoáveis e viva à margem do que você poderia ser. Não consegue pensar a longo prazo – e garanto a você que viver o hoje sem vislumbrar o futuro vai estagnar a sua vida, pois você vai continuar se sentindo perdida e aprisionada.

Imagine que, para chegar a algum lugar, temos que ter clareza sobre qual é o ponto de chegada. Um piloto, antes de decolar, precisa saber qual é o destino e onde quer aterrissar. Ou nem sequer conseguirá traçar o plano de voo. E, quando ele prepara esse plano, também não o guarda para si. O piloto o compartilha com as pessoas que o ajudarão na jornada, com informações sobre a malha aérea, as condições meteorológicas etc.

Isso não significa que, quando decolar, ele voará em céu de brigadeiro – ou seja, limpo e com as melhores condições de voo. Pode ser que encontre chuva, talvez seja avisado de um tráfego aéreo pesado e precise fazer desvios. O importante é ele ter decolado e estar se movimentando para chegar ao seu destino.

Isso vale para tudo na vida. Precisamos saber aonde queremos chegar para, assim, traçar um plano empoderador, pois o longo prazo é construído nas pequenas ações diárias.

QUEM VAI CUIDAR DE VOCÊ, SENÃO VOCÊ?

A independência financeira é uma ferramenta fundamental para alcançarmos a liberdade de fazer as nossas próprias escolhas, sem depositar nos outros as nossas frustrações ou a nossa necessidade de completude. Sem ela, ficamos presas a essas correntes emocionais.

Enquanto não falarmos abertamente, sem rodeios, sobre a relação das mulheres com o dinheiro e sobre como podemos ter mais intimidade com ele, o empoderamento será um sonho distante. Afinal, são raras aquelas de nós que decidem pela própria vida sem se preocupar com recursos para seguir adiante.

Para tudo na vida, inclusive assuntos financeiros, é preciso ter disciplina. É ela que nos ajuda a conquistar nossos objetivos. A disciplina está relacionada ao desenvolvimento de hábitos. Eles não são construídos se você não praticar sempre. A pessoa que deseja ter hábitos mais saudáveis – em relação a dinheiro, corpo ou qualquer outra coisa – precisa fazer a seguinte conta: se ela se desafiar a ser 1% melhor a cada dia, no final do ano atingirá 365% de melhoria na sua performance!

Foi com disciplina que eliminei 25 quilos. Em 2020, quando me vi pesando 85 quilos, abracei uma rotina disciplinada de reeducação alimentar e prática regular de atividade física. O processo foi difícil e não aconteceu da noite para o dia, mas consegui ao adotar novos hábitos e me manter firme neles.

Vou contar um segredo. Quando você define um objetivo e pratica a consistência, descobre que o seu objetivo é apenas o norte e que os verdadeiros ganhos estão em se apaixonar pelo processo. Quem persiste consegue mudar hábitos e estilo de vida, pois não se trata da linha de chegada, mas, sim, de aprender a curtir o percurso.

É claro que, em muitos momentos, você vai encontrar obstáculos, barreiras que a farão querer desistir. O seu próprio cérebro a boicotará. Ele não quer mudança, não quer que você se machuque. Então, no início, é você contra si mesma, até que encontre prazer em cuidar do que é seu.

Pratique a autodisciplina. Adquira essa habilidade até que ela se transforme em hábito, assim como tudo na vida. No começo, será difícil, mas vá em frente!

Só você pode dar o primeiro passo para cuidar de você!

No QR Code a seguir, você encontrará conteúdo e materiais que a auxiliarão a ter mais saúde e qualidade de vida.

ESPERAR SER VALORIZADA ATÉ QUANDO?

O caminho mais curto para a frustração são as altas expectativas, concorda? No documentário *Halftime* (Netflix), sobre a superstar Jennifer Lopez e sua participação no Super Bowl – considerado um dos maiores palcos do mundo –, a cantora, atriz, bailarina e produtora mundialmente famosa e linda partilha os muitos *pré*-conceitos que sofreu, acompanhados de piadas sobre sua competência e seu mérito, além de ataques agressivos da imprensa e da internet.

Questionada pelo namorado sobre "como você aguenta tudo isso?", a artista respondeu não ter expectativas de que as pessoas a tratem bem ("sou mulher, sou latina, e já espero ser subestimada dessa maneira, ao contrário de você, que é um homem branco"). Ela espera ser tratada com respeito.

"Você não canta bem", "Você não se apresenta bem", "Você não sabe atuar", "Quem é você para achar que pode produzir um filme?" – são várias as vozes que ecoam para trucar a audácia de uma mulher ambiciosa. E isso não acontece só com as estrelas da música e do cinema. Muitas alunas me relataram que precisaram se diminuir para caber na caixinha da opinião alheia.

Uma das histórias que me chamou a atenção foi a de como a Helena (nome fictício) começou a empreender. É casada, tem dois filhos, frequentou boas escolas. Trabalhou a vida inteira com o marido e, embora "tivesse tudo", sentia um vazio interno enorme e ainda carregava a culpa por se sentir assim.

Helena era filha da classe média gaúcha, cobrada pelo seu "bom comportamento" para arrumar um "bom partido". Cresceu ouvindo ordens do tipo: não responda aos seus pais; sirva o mate; toque piano; vista-se bem; não seja malfalada; sorria para as visitas; cuide da aparência; não fique gorda, pois ninguém vai se interessar por você; fale baixo; sente-se direito; tenha filhos; seja uma mãe dedicada e exemplar; você não consegue sozinha etc.

Ela estava a um passo de entrar em colapso com a personagem que criou. Vivia para a família e deixou todos os sonhos congelados por medo de querer mais. A chave virou quando pegou covid e foi internada em estado grave. A iminência da morte trouxe a urgência de viver, foi quando se deu conta de que sempre deixava as pessoas dizerem o que ela tinha de fazer.

Helena fez uma lista de desejos, e a primeira vontade a ser realizada era abrir o próprio negócio. Ter uma loja de roupas era um sonho de infância e, embora a família alegasse apoiá-la nisso, existia um abismo entre as palavras e as atitudes.

Ela não recuou diante da falta de apoio real, vendeu o carro e correu atrás de um financiamento para conseguir dinheiro para montar a loja. Começou a empresa não por necessidade financeira, mas pela fome de alma, pela vontade de ser livre em suas escolhas.

Helena conseguiu um ponto em um shopping de Porto Alegre e deu início à sua primeira empreitada. Hoje, ela tem três lojas na cidade e, além de ganhar o próprio dinheiro, sente-se empoderada e independente para seguir o próprio caminho e a intuição. **Olhar para dentro de si, colocar-se em primeiro plano e lutar para realizar o que todos ao redor dizem que "não vai funcionar"** é um processo que demandará coragem, fé e um compromisso com a mulher que você quer revelar – não para o mundo, mas para si mesma.

CONSTRUINDO JUNTO, MAS SEM FALAR SOBRE DINHEIRO

Hoje eu tenho uma visão mais prática e antirromântica da vida de empreendedora, e também do casamento, e acho necessário falar sobre isso, pois recebo muitos relatos de mulheres que têm dificuldade de recomeçar após uma separação por nunca terem se preocupado com dinheiro antes e nunca terem conversado a respeito do assunto. Mesmo sendo peça importante no crescimento financeiro e de patrimônio do casal, parecem ter medo de abordar a questão.

Meu ex-marido é a pessoa mais incrível que conheço, e tenho a sorte de tê-lo como pai dos meus filhos e como amigo. Nosso relacionamento deu muito certo durante vinte anos, e, embora não sejamos mais esposa e marido, existe muito amor na nossa relação. É claro que o processo do divórcio foi doloroso, difícil, um tanto tumultuado, sofrido para ambos os lados. As crianças sentiram o afastamento, mas em meio a toda tempestade conseguimos preservar a amizade e o respeito. Sempre fomos leais um ao outro, verdadeiros com nossos sentimentos e transparentes nos nossos projetos.

Desde o início do nosso casamento, combinamos que dividiríamos os nossos bens na medida do nosso crescimento, ou seja, tínhamos percentuais nas empresas, uma conta conjunta. E cada bem que comprávamos era colocado ora no meu nome, ora no nome dele. Definimos "em vida" o que era nosso, e ao mesmo tempo de cada um.

Quando decidimos nos separar, tivemos que fazer poucos ajustes, pois estava tudo bem equilibrado. Não nos casamos pensando em separação, não ficamos vinte anos juntos pensando em nos separar. Mas toda e qualquer sociedade precisa funcionar bem quando começa e quando termina, e o casamento é a maior sociedade que, provavelmente, você vai fazer na vida. Portanto, escolha com critério!

Isso vale para qualquer contrato. É muito comum, e não estou falando só das mulheres, as pessoas iniciarem um relacionamento ou um negócio sem um bom acordo de acionistas que vá além do contrato social. O acordo define todas as regras da relação, inclusive pontuando o que deve ser feito em caso de distrato ou término do negócio.

Ter clareza das cláusulas de saída poupam tempo e energia discutindo, em meio ao temporal, algo que poderia ter sido construído na calmaria, de maneira justa. O problema é que romantizamos demais a situação e apostamos no "viver felizes para sempre", mesmo a vida estando bem longe de ser um conto de fadas.

Conversar sobre dinheiro é um exercício necessário e um ato de responsabilidade do casal. Quando é que vamos ensinar a nossos parceiros e parceiras que é importante falar do assunto e deixar as coisas equilibradas enquanto está tudo bem? Além de evitar problemas, essa prática trará ao casal a segurança de que ambos estão juntos pelos motivos certos.

POUCA EDUCAÇÃO FINANCEIRA

Aritmética, diversificação de risco, inflação e juros compostos. Falei grego? Então...

Em um dos maiores estudos sobre educação financeira no mundo, realizado pela Standard & Poor[21] com 150 mil adultos, os entrevistados foram submetidos a questões que testavam seus conhecimentos nos

---

21 YAZBEK, P. Brasil é o 74º em ranking global de educação financeira. **Exame**, 19 nov. 2015. Disponível em: https://exame.com/invest/minhas-financas/brasil-e-o-74o-em-ranking-global-de-educacao-financeira. Acesso em: 5 jul. 2022.

Educação financeira começa em casa. Entretanto, se a maioria dos brasileiros sente dificuldade com as finanças pessoais, como **ensinar aos filhos** e demais familiares algo que os próprios pais e mães não dominam?

@christaveira

quatro conceitos básicos – aritmética, diversificação de risco, inflação e juros compostos –, e o Brasil ficou na 74ª posição de um total de 144 países, atrás de algumas das nações mais pobres do mundo, como Zimbábue e Madagascar.

A discrepância é tão grande que apenas 35% dos brasileiros acertaram ao menos três dos quatro tópicos abordados. A primeira colocada, a Noruega, aprovou 71% dos entrevistados.

A dificuldade de poupar é gritante. Tanto que 61 milhões de brasileiros estão com o nome negativado (de acordo com o Serviço de Proteção ao Crédito – SPC), e apenas 3,64% da população economiza para a aposentadoria (segundo o Banco Mundial).[22] Falta tanta educação financeira que muitos não sabem que é possível investir com pouco dinheiro; os que tentam geralmente encontram barreiras de linguagem, ainda inacessível aos mais diversos públicos.

Educação financeira começa em casa. Entretanto, se a maioria dos brasileiros sente dificuldade com as finanças pessoais, como ensinar aos filhos e demais familiares algo que os próprios pais e mães não dominam?

Quando comecei a trabalhar, sonhando em ser uma mulher de negócios multimilionários, lembro-me de uma pessoa ter me perguntado: "Chris, para que você quer ganhar tanto dinheiro?". "Para não ter que fazer conta em restaurante", respondi, sem pensar duas vezes.

Um tempo depois, li o best-seller *Os segredos da mente milionária*,[23] de Harv Eker, e percebi que estava repetindo uma frase que não era minha. Meu pai costuma dizê-la. Eu estava repetindo um padrão que não era meu, mas que me fora ensinado e reforçado com outras expressões aprendidas fora de casa, por exemplo,

---

22 DAU, G. A importância da educação financeira no cenário brasileiro. **Rede Jornal Contábil**, 27 jan. 2021. Disponível em: https://www.jornalcontabil.com.br/a-importancia-da-educacao-financeira-no-cenario-brasileiro/. Acesso em: 13 ago. 2022.

23 EKER, T. H. **Os segredos da mente milionária**: aprenda a enriquecer mudando seus conceitos sobre o dinheiro e adotando os hábitos das pessoas bem-sucedidas. Rio de Janeiro: Sextante, 2006.

"dinheiro é sujo", "quem tem dinheiro é esnobe e mesquinho", "ele é muito riquinho" etc.

Quando ouvimos expressões desse tipo repetidas vezes, elas se transformam em verdades, em crenças sedimentadas, que nos distanciam dos nossos objetivos financeiros. Se acreditamos que o dinheiro é "a raiz de todo mal", como querê-lo por perto? A consequência inconsciente de uma crença dessa proporção é nos livrarmos o mais rápido possível dele. Afinal, não queremos que nada de mau nos aconteça. Ressignificar essas crenças demanda repetir outros estímulos que promovem uma projeção positiva, e falaremos mais sobre isso no capítulo 5.

Quando entendi que a minha relação com o dinheiro estava minada pela vergonha de falar sobre o assunto, por causa das crenças que eu havia introjetado, mudei a minha maneira de pensar e assumi que queria ter dinheiro para usufruir de todos os prazeres e bem-estar que ele poderia me proporcionar.

Eu não precisava passar por cima de ninguém para fazer isso acontecer. Tampouco destratar as pessoas para ganhar dinheiro. Eu só precisava trabalhar as minhas crenças para mudar a minha realidade, depois agir na direção certa.

A TAXA ROSA QUE AFETA O NOSSO BOLSO

A batalha por independência financeira recebe mais esse golpe. Vou explicar. Sempre ouvimos a máxima de que as mulheres gastam mais que os homens, e uma pesquisa realizada pelo SPC Brasil e pela Confederação Nacional de Dirigentes Lojistas (CNDL)[24] mostrou que de fato consumimos mais. Atenção agora

---

24 MULHER compra mais que homem? Pesquisa do SPC indica que sim. **Portal EBC**, 2 fev. 2016. Disponível em: https://radios.ebc.com.br/em-conta/edicao/2016-02/pesquisa-do-spc-confirma-que-mulher-compra-mais-do-que-o-homem. Acesso em: 5 jul. 2022.

para um motivo ainda pouco discutido:[25] pagamos mais caro em vários produtos.[26]

No mercado existe uma expressão atribuída à diferença de preço dos produtos destinados às meninas e mulheres: a taxa rosa. Ela faz os produtos direcionados ao mercado feminino custarem em média 12,3% acima de seus equivalentes, de acordo com um levantamento da Escola Superior de Propaganda e Marketing (ESPM).[27]

As roupinhas de bebê encarecem cerca de 20% se forem femininas, e, no caso das lâminas, a diferença entre as vendidas para se barbear e se depilar pode chegar a 100%. Modelos básicos de calça jeans de uma mesma marca apresentaram uma variação de 23% entre o preço da peça feminina e o da masculina. Ou seja, pagamos mais caro pela etiqueta rosa, e não é só no Brasil.

E o que falar dos absorventes? Eles já foram pauta de discussões fundamentais sobre saúde e higiene básica. O preço médio desse produto de extrema importância às meninas era de 5 reais em 2022, com uma tributação de 34,5% (PIS, Cofins e ICMS), de acordo com a Associação Comercial de São Paulo (ACSP).

Parece barato só para quem não sabe que são necessários pelo menos 15 reais para conter o fluxo menstrual mensal; dinheiro que pesa no orçamento das famílias de baixa renda. Dados da Organização das Nações Unidas (ONU) apontam que no Brasil de 22% a 26% das mulheres não têm condições de comprar absorventes, gerando sérios problemas de saúde pelo uso de materiais inapropriados para reter o sangramento – por exemplo, miolo de

---

25 FADDUL, J. 'Pink tax': as mulheres gastam mais do que os homens ou apenas pagam mais caro? **CNN Brasil**, 2 dez. 2020. Disponível em: https://www.cnnbrasil.com.br/business/pink-tax-as-mulheres-gastam-mais-do-que-os-homens-ou-apenas-pagam-mais-caro. Acesso em: 5 jul. 2022.

26 LIRA, M. Mulheres pagam mais caro por produtos e serviços diversos. **A União**, 10 mar. 2018. Disponível em: https://auniao.pb.gov.br/noticias/caderno_diversidade/mulheres-pagam-mais-caro-por-produtos-e-servicos-diversos. Acesso em: 5 jul. 2022.

27 PINK TAX: a desigualdade de gênero no mercado. **Portal ESPM Jornalismo**, 4 maio 2021. Disponível em: https://jornalismorio.espm.br/geral/88577. Acesso em: 1º ago. 2022.

pão e tecido sujo –, o que reflete, consequentemente, em maior abstenção feminina nas escolas e no trabalho.

Gastamos mais dinheiro porque os produtos para as mulheres são em média mais caros e porque também precisamos pagar alto preço pelos "requisitos mínimos de beleza" para uma boa performance profissional e para o bem-estar. É sabido que, se comparadas aos homens, as mulheres são muito mais cobradas pela sociedade para cuidar da aparência: precisam sempre estar com o cabelo bem cuidado e tingido, as unhas feitas, a depilação em dia, a pele hidratada, looks atualizados com a moda etc; ou seja, é uma lista interminável.

Vale destacar que, além de gastarem mais, as mulheres ganham menos. De acordo com os dados da plataforma Quero Bolsa[28] com base no Cadastro Geral de Empregados e Desempregados (Caged), a média salarial para homens é de 3.946 reais e para as mulheres, 2.680 reais, sendo que em 2019 (antes da pandemia de covid-19) essa discrepância salarial bateu a marca de 47,24% no Brasil.

Diante de números como esses, de um cenário tão adverso para a ala feminina da população, precisamos refletir. Como falar sobre empoderamento sem independência financeira? Sem domínio das finanças pessoais? Sem caminhos para uma remuneração justa?

PIADAS SEM NENHUMA GRAÇA

Brincadeiras sexistas infelizmente não são raras. Parece exagero, mas nos dias de hoje ainda escutamos piadinhas desmerecendo nossos talentos e capacidades; e, se ninguém avisar que é falta de respeito, elas vão continuar nos machucando.

---

28 CARVALHO, P. As profissões com maior diferença salarial entre homens e mulheres. **Quero Bolsa**, 5 mar. 2020. Disponível em: https://querobolsa.com.br/revista/profissoes-com-maior-diferenca-salarial-entre-homens-e-mulheres. Acesso em: 5 jul. 2022.

Agora, fiquemos atentas, pois muitas vezes permitimos que as pessoas nos tratem mal. Precisamos fazer as pazes com a autoestima para nos sentirmos merecedoras de mais. Na falta disso, muitas mulheres acabam não reagindo a esse tipo de constrangimento por não se sentirem confiantes para rebater, impor limites, demonstrar que não aceitam. Não têm força para fazer isso em razão da falta de empoderamento.

Não precisamos ser grosseiras nem ofender ninguém. Afinal, quando nos armamos, o outro se arma também. Só não podemos nos omitir. Se queremos mudança, temos que informar, mostrar. Nesse sentido, pais e mães têm papel fundamental na educação das meninas, para que cresçam corajosas, e, sobretudo, na de meninos, para que aprendam de verdade a tratá-las com respeito e equidade de oportunidades.

PROCURANDO REMÉDIO PARA A AUTOSSABOTAGEM

Quando estamos com febre, investigamos a causa para tomar o remédio certo. Aqui, é a mesma coisa. É preciso enxergar quais são as forças que estão prendendo você para que possa vencê-las, e estou apontando várias... A confiança entra como uma vitamina para tratar autoestima machucada e dar um gás novo para você erguer a cabeça e realizar seus sonhos.

É curioso que sabemos muito do que precisa ser feito. Sabemos que, para ter uma boa saúde física, precisamos praticar atividade física e nos alimentar corretamente, por exemplo. E que, para ter uma boa saúde financeira, precisamos ganhar mais do que gastamos e investir na construção de patrimônio.

Se sabemos, por que não fazemos?

Não fazemos porque não somos seres apenas racionais, mas também emocionais. Não fazemos porque mais de 90% das nossas decisões são tomadas pelo inconsciente.[29] Não fazemos porque temos uma série de crenças limitantes que foram se formando a partir da infância e da adolescência... e, assim, vamos nos autossabotando.

Saber o que fazer não é suficiente quando o nosso sistema de crenças está viciado na desordem, e não no merecimento. Se quisermos parar com a autossabotagem, temos de dizer a nós mesmas que:

» **Não vamos mais nos esconder atrás de um corpo, de um emprego, de um relacionamento que não nos faz feliz;**

» **Não vamos mais nos sentir aprisionadas por um padrão de beleza "photoshopado" e irreal;**

» **Não vamos aceitar nenhum tipo de trabalho por não nos acharmos merecedoras de mais;**

» **Não vamos mais entrar em relações amorosas vazias por medo da solidão;**

» **Não vamos nos contentar com uma fração da mulher que podemos ser.**

Querer se libertar de tudo isso é um excelente começo.

---

29 SANTIAGO, M. B. Processos inconscientes em 90% das decisões e ações. **A Razão**, 1º abr. 2019. Disponível em: https://arazao.org/processos-inconscientes-em-90-das-decisoes-e-acoes. Acesso em: 1º ago. 2022.

CASE MARINA

Conheci a Marina quando atuei no governo de Goiás. Profissional com grande potencial de crescimento, tinha um talento ímpar para se relacionar e esbanjava empatia. Poderia ter maiores ambições, mas conformava-se com trabalhar para ganhar o equivalente a dois salários mínimos. Falava em alto e bom som: "É o que tem para hoje. Não posso me dar o luxo de não aceitar".

Psicóloga de formação, teve que abdicar do trabalho em uma clínica conceituada em São Paulo quando a filha nasceu. Não tinha família na cidade, e o marido acabara de abrir uma loja de materiais de construção, o que consumiu todas as economias do casal. Isso a fez adiar o sonho da psicologia para cuidar da filha em tempo integral, pelo menos até a criança começar a frequentar a escola.

Quando esse dia chegou, Helena tinha 2 anos e meio; era hora de Marina retomar a carreira de psicóloga. Entretanto, a empresa do casal estava com sérios problemas e também precisava de ajuda. O marido pediu a ela que assumisse a área comercial. Em pouco tempo, Marina conseguiu alavancar as vendas devido à sua capacidade de se relacionar e entender as necessidades dos clientes.

Foram dez anos de dedicação. A empresa atravessou fases ruins, mas mesmo assim o casal conseguiu prosperar. Eles moravam de aluguel em um bairro de classe média da capital paulista, a filha estudava em um bom colégio particular. Só que nunca sobrava tempo nem dinheiro para Marina cuidar de si ou de retomar o sonho de resgatar a carreira como psicóloga.

Aos poucos, ela foi se apagando e simplesmente se conformou com uma versão incompleta de si. Afinal de contas, o bem-estar dos familiares era muito mais importante que os próprios desejos.

Certo dia, ela precisou retornar à loja após o expediente para buscar alguns cheques que seriam descontados no dia seguinte. Foi quando flagrou o marido transando com a assistente administrativa na sua mesa de trabalho. Foi um golpe muito duro! Marina ficou com o emocional destroçado. Isso porque, depois de abdicar muito da vida para construir o sonho do marido, ele a humilhou e a desrespeitou da pior maneira possível.

Todos na empresa sabiam, menos ela. Pior que a traição e a humilhação, foi o sentimento de impotência. Marina se deu conta de que todas as decisões financeiras da família eram tomadas pelo marido, e que ela estava em uma situação financeira delicada para pedir o divórcio. Era ele quem pagava todas as contas e ela nem sequer era remunerada pelo trabalho de tantos anos.

Colocar o marido para fora de casa foi só o começo de um grande pesadelo. Ele não pagou o aluguel, Marina foi despejada e teve de se mudar com a filha para um apartamento muito menor. Os problemas se agravaram com o litígio. De repente, Marina virou a chefe da família – logo ela, que nunca havia se preocupado com dinheiro. Embora tivesse ajudado a construir o negócio do casal, preferiu abrir mão dele para se ver livre de todos os vexames, perturbações e escândalos que o agora ex-marido provocava.

Foi assim que Marina descobriu que a paternidade no Brasil é "facultativa" e precisou buscar um emprego qualquer para pagar as contas e a escola da Helena. Isso porque nem sempre a pensão era depositada, então ela precisava se virar. Aceitou o emprego em um órgão público que pagava pouco. Estava com a autoestima tão machucada que não conseguia pensar em outra oportunidade melhor.

Marina é uma mulher fragilizada e emocionalmente destruída por não ter construído a sua independência financeira.

Ela é mais uma entre tantas outras que não pensaram em dinheiro, que perderam a fé em si, não utilizando todo o seu potencial para alcançar o seu progresso – e, sobretudo, que ainda não perceberam que empreender é poderosamente transformador.

Enquanto não falarmos abertamente, sem rodeios, sobre a relação das mulheres com o dinheiro e sobre como podemos ter mais intimidade com ele, o **empoderamento** será um sonho distante.

PREPARADA PARA SUPERAR OBSTÁCULOS E AVANÇAR?

CAPÍTULO 3 ←

Quanto antes você mudar a sua atitude em relação ao dinheiro, menos presa ficará às rotinas exaustivas de trabalho, ao padrão de escassez de dinheiro e às relações tóxicas que destroem seus sonhos e sua autoestima. Há causas estruturais para esses problemas. Elas vêm de muito tempo e formaram paradigmas difíceis de quebrar, mas necessários para que a gente possa avançar.

É importante conversarmos sobre essas causas, pois são obstáculos reais para fazer renda e multiplicar. E anote aí: o empoderamento virá quanto mais as mulheres conseguirem superá-los.

Por mais que tenham avançado, as mulheres ainda têm dificuldade de virar o jogo, pois:

» **Não enxergaram a força natural do feminino e se perderam da sua intuição;**

» **Não estão vendo beleza na pluralidade;**

» **São reféns do sentimento de culpa;**

» **Não estão capitalizando a sua melhor versão;**

» **Não têm visão de longo prazo para direcionar o curto prazo;**

» **Sufocaram as próprias ambições;**

» **Caíram na cilada de ser multitarefa;**

» **Se calam e abrem mão dos próprios sonhos para priorizar outras pessoas;**

64   » **Não se julgam merecedoras de algo maior.**

A seguir, aprofundarei nas causas significativas para tudo isso, como as lacunas de ambição, as cobranças para sermos boas meninas, esposas exemplares e supermães, a fobia financeira e o custo social do sucesso.

BOAS MENINAS NÃO SÃO AMBICIOSAS

O livro *A morfologia do conto maravilhoso*,[30] do russo Vladimir Propp, ganhou repercussão na década de 1960 quando foi traduzido para o inglês. Isso porque notou-se que o estudo realizado sobre os esquemas narrativos dos cem principais contos soviéticos se repetiam em outras culturas, independentemente do contato entre os povos.

A conclusão – que ganhou corpo e ainda mais repercussão com novas obras, como *O herói de mil faces*,[31] de Joseph Campbell – é que, para uma história ser envolvente, ela precisa seguir certa estrutura narrativa com etapas fundamentais que vão gerar conexão entre as pessoas. Ou seja, na comunicação existe técnica e um poderoso padrão capaz de espelhar um contexto social ou moldar novos hábitos e aspirações.

Quando essas técnicas são usadas para contar histórias ao universo infantil, além de despertar a fantasia, estimular a imaginação e a criatividade das crianças, contribuem para a formação do caráter e a identidade delas, uma vez que envolvem, conectam e dão exemplos do que é certo ou errado. São mensagens que ficam impregnadas no subconsciente delas, influenciando a vida adulta.

---

30 PROPP, V. **A morfologia do conto maravilhoso**. São Paulo: Forense Universitária, 2006.
31 CAMPBELL, J. **O herói de mil faces**. São Paulo: Ágora, 2004.

Foi assim conosco. A presença das personagens femininas nos contos de fadas, como a Cinderela, sempre foi significativa, influenciando na constituição do imaginário feminino, do sentido de identidade e do papel da mulher na sociedade. Relações de dependência e a imagem da mocinha frágil e subordinada à de um "salvador" por muito tempo reforçou uma relação de causa e consequência acerca dos paradigmas sociais.

É para pensar: somos subservientes porque nos ensinaram a ser? Ou a nossa natureza é mesmo mais passiva?

No livro *A dominação masculina*,[32] Pierre Bourdieu argumenta que o patriarcado foi percebido pelo homem e absorvido inconscientemente pela mulher. Histórias como a da Branca de Neve, Rapunzel, Bela Adormecida e tantas outras nos ensinaram a sermos boas, pacatas e despretensiosas.

Acreditávamos que só o amor verdadeiro e um príncipe no cavalo branco poderiam nos salvar de todas as adversidades e que a felicidade só seria alcançada com o casamento. Por efeito, mesmo que seja de modo inconsciente, as gerações X e Y ainda carregam imagens de uma mulher que não cabe mais nos dias de hoje – aprendemos de um jeito (está no nosso subconsciente), o mundo mudou, precisamos nos ajustar, mas ainda levamos adiante algum peso do que nos foi ensinado. Pane no avião!

É por isso que sofremos com a dicotomia entre a mulher perfeita e a mulher possível.

Se, por um lado, fomos levadas a aspirar um bom casamento e filhos, por outro, queremos o direito de voar e nos perguntamos: "E o que mais além disso eu tenho pela frente? Quando é que vou olhar para mim? Quando é que os meus desejos deixarão de ser considerados caprichos para serem tão importantes quanto os desejos dos meus familiares?".

---

32 BOURDIEU, P. **A dominação masculina**: a condição feminina e a violência simbólica. Rio de Janeiro: Bertrand Brasil, 2019.

Felizmente, a arte tem o dom de "hackear" o tempo, e estamos passando da fase de transição para a construção de um consciente coletivo feminino mais forte e seguro. As protagonistas femininas nas histórias infantis contemporâneas vêm se mostrando corajosas, destemidas e detentoras de poderes, o que certamente quebrará muitos paradigmas na geração da minha filha.

Nós, porém, crianças do passado, aprendemos não só lendo contos de fadas antigos mas também vivendo em sociedade – que é onde experienciamos todas essas máximas – que boas meninas devem agradar, servir, cuidar, deixando uma lacuna de ambição. Isso contribui para, futuramente, ficarmos aprisionadas à rotina estressante de querer equilibrar com perfeição família e trabalho.

Pode reparar: quem vive assim geralmente sufocou o sonho de alçar voos mais altos. **E as mulheres que sufocam os sonhos abafam também seu merecimento e não se sentem à vontade com suas conquistas. Seria ótimo se deixassem de achar que precisam de alguém para validar as suas ambições. Por que não ouvir o coração? Ele vai lhe contar os seus desejos mais profundos. Só deixe-o falar.**

Uma das definições de "ambição" no dicionário on-line de português é: obstinação intensa para conseguir determinado propósito.[33] É disso que estou falando. Ambição não tem a ver com medir sucesso pela régua das outras pessoas ou conquistar troféus sem real significado para *você*. Não se trata de ser capa de revista ou ter uma conta badalada no Instagram. Ambição é buscar o que faz sentido para você, sem se limitar por verdadeiros grilhões, que são as opiniões dos outros.

Ambição é estar com "fome" de algo mais. De não se acomodar, de saber que você é capaz de ir além, de se sentir merecedora de um relacionamento bacana, de uma vida prazerosa, de rejeitar os "pratos" de culpa e avançar com consistência.

---

33 AMBIÇÃO. *In*: **Dicio**, Dicionário On-line de Português. Porto: 7Graus, 2022. Disponível em: https://www.dicio.com.br/ambicao. Acesso em: 5 jul. 2022.

Ambição é estar com "fome" de algo mais. De não se acomodar, de saber que você é capaz de ir além, de se sentir merecedora de um relacionamento bacana, de uma vida prazerosa, de rejeitar os "pratos" de culpa e avançar com consistência.

@christaveira

DA BOA GAROTA À SUPERMÃE E ESPOSA EXEMPLAR

A cantora e compositora Taylor Swift, no documentário *Miss americana* (Netflix),[34] apresenta questões muito interessantes. A queridinha da América tinha o ideal de querer ser uma boa garota. A sua caminhada virou de cabeça para baixo a partir do instante em que percebeu não ser amada por todos, principalmente depois de fazer um sucesso estrondoso.

"Na minha carreira, os executivos das gravadoras diziam que uma boa garota não impõe sua opinião... Ela sorri, acena e agradece", contou no documentário a cantora nascida em 1989, admitindo ter se tornado a pessoa que os outros queriam. Até o dia em que foi "cancelada" na internet e precisou dar a volta por cima: "Tive que desconstruir todo um sistema de crenças que me fazia estar sempre lutando pelo respeito dos outros".

E olha que ótima resposta[35] deu a maior medalhista olímpica de todos os tempos, Simone Biles, quando participou de uma competição de dança nos moldes da *Dança dos famosos* brasileira, exibida na rede Globo. Ao ouvir do apresentador que ele havia sentido falta do seu sorriso enquanto se apresentava, ela mostrou não estar ali para agradar, e sim para vencer ("Sorrir não te faz ganhar medalhas de ouro").

Grosseira? Não. Ela foi consciente, verdadeira e objetiva em relação ao propósito de vencer. No entanto, esse não é o tipo de resposta que esperamos de uma garota, e tendemos a desmerecê-la quando ela discorda e se desobriga de ser simpática. Mas por que fazemos isso?

---

34 MISS americana. Lana Wilson. EUA: Tremolo Productions, 2020. Vídeo (85 min). Disponível em: www.netflix.com.br. Acesso em: 18 ago. 2022.

35 "SORRIR não te faz ganhar medalhas de ouro", diz Simone Biles a apresentador. **O Estado de S. Paulo**, 10 maio 2017. Disponível em: https://emais.estadao.com.br/noticias/gente,sorrir-nao-te-faz-ganhar-medalhas-de-ouro-diz-simone-biles-a-apresentador,70001771354. Acesso em: 5 jul. 2022.

É uma pena que a ideia de sucesso profissional, riqueza e ambição feminina seja associada a egoísmo ou antipatia, e que isso bata de frente com a natureza feminina do amor e do cuidado. Como se fossem coisas incompatíveis, inconciliáveis. Como se diminuíssem a feminilidade. Fomos ensinadas a servir, a não falar alto, a não brigar, a não nos posicionar. Isso tudo acarreta consequências sérias: mulheres sofrendo caladas agressões e violências dentro e fora de casa são alguns exemplos.

A idealização da boa menina costuma ter desdobramentos e leva à expectativa de que ela será uma esposa exemplar e uma supermãe. Muito da criação dos filhos ainda é responsabilidade da mãe, por exemplo.

Quando fui estudar na Harvard Business School, a minha filha tinha pouco mais de 1 ano, e tomar a decisão de passar trinta dias nos Estados Unidos e de deixá-la com a minha mãe foi muito difícil. Não só por ter de ficar afastada da minha menina, mas por enfrentar comentários exagerados e o julgamento alheio: "Nossa, eu jamais faria isso", "Como você pode abandonar um bebê?!", "Coitada da sua filha".

É cansativo precisar justificar que não há um único jeito de vivenciar a maternidade. Esse peso de ser boa filha, boa mãe, boa esposa, boa profissional dificulta a nossa caminhada. É como se a nossa "mochila" fosse bem mais carregada que a do homem nos seus papéis de filho, marido, pai.

Não é justo você ter de pagar um preço alto, ser criticada e julgada por escolher ter uma vida plural. Nem todo mundo entende isso, e está tudo bem. Seja a mulher que você consegue ser. A melhor filha que você consegue ser. A melhor mãe que você consegue ser. A melhor amiga que você consegue ser.

Você não precisa ser a mulher mais perfeita. Em meio a tanto barulho, ser real já é ser súper!

EMBARREIRADAS POR UM CARDÁPIO DE MEDOS

O que a impede de ser você?

O que a impede de ser real?

O que a impede de olhar para as suas fraquezas?

O que a impede de fortalecer as suas bases?

O que a impede de prosperar?

O que a impede de se empoderar?

O filme *Lanterna Verde*,[36] estrelado por Ryan Reynolds, foi considerado um "fracasso" de bilheteria, mas traz uma mensagem interessante. Ele fala da existência de duas grandes forças no Universo, sendo que uma é arqui-inimiga da outra. A primeira delas é a mais poderosa que existe, rege a tropa dos lanternas verdes e foi canalizada no anel: é a força da vontade. Concordo, pois a vontade de criar conduz à realização e à materialização de tudo que é possível imaginarmos.

Há outra força ameaçadora chamada medo. Vai crescendo até se transformar em combustível para a paralisia ou destruição do equilíbrio do Universo. Ter medo não significa ser covarde ou admitir fraqueza. É uma reação natural e involuntária do cérebro quando exposto a estímulos de estresse que ameaçam a sobrevivência ou entra em choque com nossas crenças, liberando substâncias que mudam o ritmo da nossa respiração, fazem o coração bater mais acelerado, contraem a musculatura e nos prepara para reagir.[37]

O medo é um grande aliado do nosso instinto de sobrevivência. Sem ele, não viveríamos por muito tempo, pois estaríamos nos

---

36 LANTERNA Verde. Martin Campbell. EUA: DC Comics, 2011. Vídeo (114 min.) Disponível em: https://www.hbomax.com. Acesso em: 18 ago. 2022.

37 VOCÊ sabe o que o medo provoca no cérebro? **A mente é maravilhosa**. Disponível em: https://amenteemaravilhosa.com.br/o-que-medo-provoca-no-cerebro/. Acesso em: 13 ago. 2022.

colocando em risco o tempo todo. Atravessaríamos as ruas sem olhar para os lados, andaríamos em bairros violentos, dirigiríamos em alta velocidade etc. O medo nos ajuda a calcular os riscos antes de agirmos, e na maioria das vezes essa análise é silenciosa, automática e inconsciente.

Uma pesquisa feita em 2021 escancarou o medo como o principal sentimento que embarreira nossa caminhada rumo à prosperidade. Após uma análise intensa para entender as barreiras mentais que as mulheres enfrentam para alcançar seus objetivos profissionais, a escola de negócios StartSe com a Opinion Box[38] levantou ao menos quinze, sendo que as mais recorrentes são o medo de falar sobre as próprias conquistas.

Medo de falhar em situações ou missões importantes. Medo de ter que lidar no ambiente de trabalho com estereótipos e outros que sinalizei anteriormente. Sem falar do enorme receio de falhar em situações ou missões importantes. Detalhe: essas barreiras são mais frequentes entre as mulheres jovens, que têm de 18 a 29 anos.

Todas nós já evitamos falar das nossas conquistas por temermos parecer vaidosas e orgulhosas demais, igual a 52% das participantes da pesquisa. E, igual a 46% delas, vivemos tentando vencer o estereótipo de que somos um poço de emoções descontroladas. Uma das causas mais fortes desses medos todos é a herança cultural – da qual falamos anteriormente, pois reforça uma atitude mais passiva, dócil e frágil diante da vida –, o que faz a nossa cabeça "pirar" porque não combina com os dias atuais.

Sei que se expor é difícil, que exige inteligência emocional para lidar com a crítica. Em entrevista realizada pelo jornal britânico

---

38 SALGADO, D. Liderança feminina: pesquisa inédita sobre igualdade de gêneros no meio corporativo. **Opinion Box**, 3 set. 2021. Disponível em: https://blog.opinionbox.com/lideranca-feminina/. Acesso em: 5 jul. 2022.

Sunday Times,[39] com 3 mil pessoas, 41% revelaram que o medo de falar em público era o mais assustador. É por isso que admiro cada mulher desbravadora que desafiou o *status quo* para defender suas novas ideias e exigiu mudanças em ambientes majoritariamente masculinos. Elas ouviram ofensas (sempre "sem intenção") e, mesmo sentindo a dor da censura, persistiram até romper a barreira do impossível.

Já passou da hora de aprendermos a tratar o medo como um aliado e não o deixar se transformar em algo desmedido e descontrolado – quando há o risco de avançar para um campo ainda mais perigoso, como o da fobia.

Segundo a ISMA-BR, associação internacional sem fins lucrativos, cerca de 23% das pessoas[40] já deixaram de realizar algo por nutrir medos excessivos. De animais, de pessoas, de se expor, do fracasso, do sucesso e até... de dinheiro.

Se esse já foi o seu caso, espero que este livro esteja ajudando-a a se conscientizar de seu estado atual e a olhar para os seus medos com franqueza. Agora vamos nos aprofundar no tipo de fobia que nos atrapalha demais na missão de nos empoderarmos emocional e financeiramente.

SINTOMAS DE FOBIA FINANCEIRA

O dinheiro nas mãos das mulheres também é algo recente na história.[41] Por mais incrível que pareça, foi apenas na década de 1960 que

---

39 MEDO de falar em público ultrapassa o da morte. **Portal Terra**, 5 ago. 2016. Disponível em: https://www.terra.com.br/noticias/medo-de-falar-em-publico-ultrapassa-o-da-morte,95bb6e1aae1ab0697924e09904179c88jtx9hmcs.html. Acesso em: 6 jul. 2022.

40 COSENZA, B. Medo: por que sentimos e como superá-lo. **Vittude**, 7 nov. 2019. Disponível em: https://www.vittude.com/blog/medo-como-superar. Acesso em: 6 jul. 2022.

41 CUNHA, A. R.; MENEZES, L. F. Cinco fatos sobre direitos das mulheres no Brasil. **Aos Fatos**, 8 mar. 2019. Disponível em: https://www.aosfatos.org/noticias/cinco-fatos-sobre-direitos-das-mulheres-no-brasil/. Acesso em: 6 jul. 2022.

elas passaram a ter direito a uma conta bancária independente do pai ou do marido. Até 1962, as mulheres casadas só podiam exercer um trabalho remunerado com autorização do esposo.

A participação feminina no mercado de trabalho se acentuou, no Brasil, a partir dos anos 1970. E foi na Constituição de 1988 que ficou expressa a igualdade de direitos e deveres entre homens e mulheres. Mudar lei, no entanto, não significa mudar de imediato a cultura. A teoria de que "dinheiro não é assunto de mulher", imposta às nossas avós, deixou marcas que atravessam gerações. Quer ver só?

Seja sincera, você já sentiu tremedeira, palpitação ou suor excessivo ao lidar com dinheiro? Pelo menos 30% das mulheres responderam que sim. Já adiou decisões financeiras por insegurança? Cerca de 40% sim. E culpa quando o assunto é grana? Quase metade (46%) admitiu esse sentimento. Essas e outras conclusões sobre questões urgentes a consertarmos com educação financeira fazem parte do estudo "O bolso do brasileiro",[42] realizado pelo Instituto Locomotiva com a Xpeed School by XP Inc. em outubro de 2020, com 1,5 mil pessoas maiores de 18 anos.

São questões urgentes porque revelam sintomas de uma condição psicológica paralisante que experts em psicologia do dinheiro chamam de fobia financeira, termo criado em 2003 pelos ingleses da Universidade de Cambridge.[43] Olha aí de novo o medo! Sentir receio por dois segundos ao olhar a fatura do cartão de crédito é humano. Não entender completamente uma planilha de gastos idem. Entretanto, quando o medo é excessivo e recorrente, os estragos são grandes: a mulher não toma decisões financeiras, não tem iniciativas

---

42 BECHLER, B. A importância da educação financeira. **Redação Online**, 2 dez. 2020. Disponível em: https://redacaonline.com.br/blog/educacao-financeira. Acesso em: 6 jul. 2022.

43 BERNARDO, A. Fobia financeira: será que você tem? **Veja Saúde**, 19 mar. 2021. Disponível em: https://saude.abril.com.br/mente-saudavel/fobia-financeira-sera-que-voce-tem/. Acesso em: 18 ago. 2022.

para ser independente e fica ainda mais insegura, possivelmente se endividando e se tornando vulnerável.

Ignorar sintomas de fobia financeira custa caro para o emocional e para a sua qualidade de vida. Pode custar a sua identidade.

É por tudo isso que eu insisto na necessidade de tomarmos consciência de que mentiram para nós quando ficavam enfiando na nossa cabeça que as mulheres não são boas com dinheiro e com números. É um ciclo vicioso: a falta de confiança feminina com as finanças se traduz em falta de confiança do outro lado também, o que retroalimenta a cultura equivocada de que não somos competentes para gerir números.

Mas o que fazer para tratar da fobia financeira? Se o dinheiro é importante, então por que pensamos tão pouco nele? Não podemos ter medo de encarar os números! De olhar, em primeiro lugar, para as finanças pessoais. No capítulo 7, você vai aprender (para sempre) a se planejar para colocar mais dinheiro na sua carteira.

O CUSTO SOCIAL DO SUCESSO

O que vou escrever a seguir parece um jogo de palavras, mas o contraste é proposital, para despertar algum sentimento de indignação a ser transformado em novas atitudes.

Se nós, mulheres, somos confiantes, somos consideradas metidas.

Se somos enérgicas, somos tachadas de loucas.

Se somos objetivas, somos vistas como frias.

Se nos emocionamos, ganhamos o rótulo de descontroladas.

Se somos exigentes, soamos antipáticas.

Se somos pouco objetivas, somos consideradas dispersas demais.

Se somos focadas, somos consideradas sem coração.

Se somos empáticas, é o oposto: temos coração mole e aceitamos tudo.

Se geramos lucro, somos chamadas de Miranda.

Quem não se lembra da personagem Miranda Priestly, do filme *O diabo veste Prada*? Ela é uma mulher superpoderosa do mundo dos negócios da moda que precisa mascarar a sua vulnerabilidade para sobreviver naquele mercado. É percebida como arrogante, antipática e intragável. Harvey Specter, por sua vez, da série *Suits* (Netflix), é ainda mais agressivo que Miranda, e as pessoas morrem de amores por ele.

Um exemplo nacional e não fictício? Anitta. Você pode não curtir funk, mas não pode negar que a cantora-gestora faz *muito* sucesso e já ganhou *muito* dinheiro. Ela estudou Administração, estagiou na mineradora Vale antes estourar na indústria da música, palestrou com 25 anos em Harvard (Estados Unidos), é "gênia" em construção de marca. Mesmo assim, ao integrar o conselho do banco digital Nubank,[44] para trazer novas estratégias de marketing (e seus números mostram ser ph.D..nisso), foi duramente atacada nas redes sociais.

Anitta provocou, inclusive, uma mudança no significado da palavra "patroa" no dicionário do Google.[45] Até pouco tempo, a definição de patroa era "a mulher do patrão". Atualmente, lê-se "proprietária ou chefe de um estabelecimento privado comercial, industrial, agrícola ou de serviços, em relação aos seus subordinados; empregadora". Ou seja, uma mudança relevante.

O sucesso de uma mulher incomoda muita gente, e não é por isso que devemos nos intimidar. Anitta respondeu aos ataques virtuais e seguiu fazendo mais sucesso e ganhando mais dinheiro.

O sucesso cobra um preço social muito grande das mulheres, e nem todas estão dispostas a pagá-lo. Ele, por sua vez, faz as mulheres

---

44 ANÚNCIO de Anitta como membro de conselho do Nubank desagrada clientes. **Capitalist**, 21 jun. 2021. Disponível em: https://capitalist.com.br/anuncio-de-anitta-como-membro-de-conselho-do-nunbank-desagrada-clientes. Acesso em: 14 nov. 2021.

45 APÓS crítica de Anitta, definição de 'patroa' no dicionário do Google é alterada. **Folha de S.Paulo**, 17 set. 2020. Disponível em: https://f5.folha.uol.com.br/celebridades/2020/09/apos-critica-de-anitta-definicao-de-patroa-no-dicionario-do-google-e-alterada.shtml. Acesso em: 6 jul. 2022.

ficarem "cheias de dedos" para falar de dinheiro e poder, com medo de serem percebidas pelos outros como materialistas, calculistas ou coisa pior. Gradativamente, com mais mulheres em postos de liderança, esse cenário está mudando. Pena que em rotação lenta.

E a mudança tem que partir de nós mesmas. Ninguém a fará por nós. Pergunte a si mesma: qual foi a última vez que você apoiou o negócio de uma amiga ou conhecida? Quando presenciou uma mulher tendo uma atitude firme, considerou-a antipática ou se inspirou nela?

Antes de querer respeito, precisamos respeitar. Se quisermos um ambiente com mais oportunidades para as mulheres, mais do que respeitar, precisamos apoiar e tirar da outra o peso da ambição, da obstinação e da chefia.

CASE HEIDI × HOWARD

Como Heidi pode ser tão diferente de Howard se são a mesma pessoa? Este é um *case* que ficou famoso nos Estados Unidos. Alunos de Administração de uma universidade renomada receberam um estudo de caso sobre um(a) empreendedor(a) que teria se tornado capitalista de risco de sucesso usando sua personalidade extrovertida e boas habilidades de networking.

A classe foi dividida em dois grupos, que receberam um texto idêntico, exceto por uma mudança decisiva: para metade da turma, o protagonista do estudo de caso se chamava Heidi (nome feminino); para outra metade, Howard (nome masculino). Ambos foram classificados pelos alunos como competentes e dignos de respeito. Porém, ninguém simpatizou com Heidi, mas todos adoraram Howard.

Os resultados foram chocantes, indicando ser o sucesso um atributo masculino. Os mesmos dados geraram impressões bem diferentes em razão do gênero. Os alunos consideraram Howard um colega mais agradável, enquanto Heidi era egoísta e alguém com quem não gostariam de trabalhar.

Traduzindo para português claro: quanto mais bem-sucedido for um homem, maior será sua simpatia. Quanto mais bem-sucedida for uma mulher, menos simpática será. A pesquisa demonstrou, portanto, uma correlação negativa para as mulheres com poder e sucesso; e, para os homens, que são reverenciados e percebidos como poderosos, uma positiva.

Acredite, somente quando tivermos mais mulheres empoderadas, essa impressão tão equivocada mudará.

Tenho orgulho de informar que Howard não existe. Mas a executiva Heidi Roizen, que inspirou este *case*, sim. Essa capitalista de risco do Vale do Silício já declarou publicamente ter aprendido que mulheres precisam saber que vão decepcionar muita gente por serem bem-sucedidas, mas também inspirar uma legião de pessoas, como você e eu. Isso é libertador.

Mulheres precisam saber que vão decepcionar muita gente por serem bem-sucedidas, mas também **inspirar** uma legião de pessoas.

@christaveira

EMPODERE-SE E LEVE A VIDA QUE VOCÊ QUISER

CAPÍTULO 4←

Por onde quer que passemos, impactamos pessoas e temos o poder de escolher se faremos isso de maneira positiva ou não. Eu trabalho para fazer a diferença em cada coração que toco e acredito que você também deseja isso. O mais incrível é que, quanto mais nos doamos, mais recebemos de volta.

É com essa energia que vou partilhar com você o método que utilizei para conquistar liberdade financeira. O que eu mais desejo é colaborar para que você:

» **Empodere-se por meio de empreendedorismo;**

» **Aprenda a ganhar dinheiro com o seu negócio;**

» **Assuma o controle da sua vida;**

» **Faça a diferença no seu entorno também.**

A partir daqui, decida pegar toda a energia que você vinha gastando com rotinas estressantes e indecisões e mude o foco para a grande solução: empreender; mas lembre-se de que isso não é apenas abrir um CNPJ. Empreender significa fazer algo com paixão, com visão de dona, com a perspectiva de que o seu negócio será uma grande fonte de satisfação e realizações.

Para sair da inércia, se você pretende empreender no ramo de alimentação, trabalhe naquele restaurante ou negócio que você acha interessante e é referência para você. Se deseja ter um salão de beleza, comece como colaboradora em um salão já estabelecido. Se sonha em montar uma loja de artesanato, trabalhe em uma loja do segmento antes de investir os seus preciosos recursos no escuro.

Quando me formei, a publicidade e a propaganda viviam o seu tempo de glória. Grandes publicitários eram considerados celebridades, e os festivais da área eram verdadeiros templos dedicados à criatividade e inovação. Meus olhos brilhavam com aquilo.

Embora eu tenha aberto meu primeiro CNPJ por necessidade, com a urgência de ganhar dinheiro, conhecia qual direção tomar. Sabia que queria trabalhar com marketing e propaganda e que faria sentido ter a experiência de agência para sentir o clima da área.

Estava começando e não conhecia nada do mercado. No máximo, tinha aptidão para desenhar, gostava muito do universo artístico. Entretanto, ainda não sabia operar os softwares de design. Na entrevista para trabalhar em uma agência, perguntaram sobre minhas áreas de competência, e confesso que aumentei um pouquinho meu nível de domínio do CorelDRAW (sim, comecei no tempo do CorelDRAW) e do Photoshop.

Fui admitida na agência e tive de aprender a trabalhar com os softwares da área em tempo recorde e na marra.

Empreender com o dinheiro de outro empreendedor permite que você aprenda com baixo risco e ainda saia do mundo da teoria para viver a prática. Trabalhar como designer gráfica me ensinou uma grande lição: é muito mais fácil e produtivo aprender algo quando você sabe o que quer desenvolver. Ou seja, para entender como usar o Photoshop, eu pensava no resultado final e mergulhava nos tutoriais para aprender efeitos específicos que me levariam até o resultado.

Eu era a primeira a chegar e a última a sair da agência. Conheci pessoas incríveis que me indicaram os meus primeiros jobs (ou trabalhos) quando decidi trilhar meu caminho. Eu havia identificado um gap no mercado: a maioria das agências de publicidade e propaganda não pensava de maneira estratégica. Queria ganhar prêmios em vez de gerar vendas. Montei meu pitch de vendas focando o sucesso do meu cliente.

Em um país onde a realidade do desemprego bateu recorde em 2021, de acordo com o Instituto Brasileiro de Geografia e Estatística (IBGE),[46] com 14,8 milhões de pessoas buscando uma oportunidade de trabalho, muito em breve empreender será mais que uma opção, será uma condição natural de trabalho. Portanto, antecipe-se e prepare-se para dar mais esse passo, mas com responsabilidade e pés no chão.

ENTRANDO EM MOVIMENTO COM AS PESSOAS CERTAS

Fazer esse transporte de energia da zona de conforto para a zona empreendedora é mais do que necessário para você se desprender das correntes e vencer as ameaças invisíveis (apontadas nos capítulos anteriores), movida pela certeza de que passará a fazer as próprias escolhas na vida.

Também quero aproveitar para aliviar o seu coração em relação a precisar descobrir a razão da sua existência, o tal "propósito", para aí, sim, tomar uma direção. Ouvimos falar disso como se fosse o dedo de Deus tocando na nossa cabeça e nos trazendo clareza da nossa vocação, como se dependêssemos de uma iluminação divina para encontrarmos, enfim, a prosperidade.

Menos romantismo, por favor! Sejamos mais práticas. Não existe propósito que resista à carteira vazia. A princípio, encare o seu objetivo final como propósito e comece a caminhar.

---

46 CARVALHO, L.; SILVEIRA, D. Desemprego fica em 14,6% e atinge 14,8 milhões no trimestre encerrado em maio, aponta IBGE. **Portal G1**, 30 jul. 2021. Disponível em: https://g1.globo.com/economia/noticia/2021/07/30/desemprego-fica-em-146percent-no-trimestre-encerrado-em-maio-aponta-ibge.ghtml. Acesso em: 9 jul. 2022.

Você fará muitas atividades pouco agradáveis e outras bem prazerosas que vão lhe render realizações, mas você somente descobrirá quais desejará realizar mais e mais entrando em movimento. No início, com os boletos chegando, será natural que não enxergue naquele objetivo um propósito de vida. Apenas saiba que o importante é começar na direção que parecer a mais certa para você. Quando parar de comemorar que a semana acabou, como se fosse um fardo, e se sentir igualmente animada nas segundas-feiras, terá uma pista de que está progredindo.

Empreender é um estado de espírito. Por isso, tenha coragem de dizer não quando sentir que está no lugar errado e com as pessoas erradas. E, quando sentir que está no lugar certo e com as pessoas certas, comemore com elas todas as pequenas vitórias. As pessoas próximas a você fazem toda a diferença nos resultados alcançados, pois elas a puxam para baixo ou para cima.

No livro *As 48 leis do poder*,[47] Robert Greene apresenta fatos históricos para ilustrar por que algumas pessoas conseguem ser tão bem-sucedidas e outras não. O autor atribui o sucesso ao domínio dessas leis do poder e uma delas é: "Evite o contato com o infeliz e azarado", pois ele o arrastará para a infelicidade dele.

Concordo quando Greene discorre sobre o poder de contágio da infelicidade que ronda as pessoas negativas. Você não deve mergulhar nas dores e reclamações alheias, uma vez que elas reforçam o sentimento de vitimismo. E, quando você se porta como vítima, terceiriza a responsabilidade de resolver os problemas aos outros e nunca assume o comando do próprio destino. Muito melhor é frequentar ambientes em que pessoas a desafiam a ser melhor, provocam você a se desenvolver/amadurecer como pessoa e profissional.

No Burger King, tive e aproveitei a oportunidade de aprender com empresários muito melhores e mais experientes do que eu.

---

47 GREENE, R. **As 48 leis do poder**. Rio de Janeiro: Rocco, 2000.

Empreender com o dinheiro de outro empreendedor permite que você aprenda com **baixo risco** e ainda saia do mundo da teoria para viver a prática.

Saímos de uma planilha no Excel para nos transformar no maior grupo franqueado da marca no país, com um *exit* multimilionário em 2017 (história que conto melhor no final deste capítulo). Sem dúvida, foi a maior escola de empreendedorismo que tive e que me trouxe substrato para abrir a minha própria empresa em 2020 – dessa vez, como acionista majoritária e CEO.

No primeiro ano da Rocket, conseguimos validar nosso modelo de negócios e, em seis meses, tínhamos faturado mais de meio milhão de reais, com uma estrutura de custos muito baixa. No começo de 2021, mesmo com pouca experiência em marketing digital, mas com uma boa bagagem corporativa, entrei para o Mastermind Genius, passando a conviver com grandes *players* do mercado digital do país.

Um *mastermind* é caracterizado por um grupo de pessoas que buscam crescimento exponencial, trocando informações e revelando boas práticas sobre seus negócios. Porém não envolve apenas conhecimento, mas também o poder de influência de boas pessoas na sua vida e nos seus negócios.

Multiplicamos o faturamento da Rocket em seis vezes e, em 2022, tínhamos a meta de alcançar um múltiplo de dezesseis vezes comparado ao nosso primeiro ano de operação.

O MÉTODO MAI$

O ambiente no qual estamos inseridos faz total diferença no nosso desenvolvimento como seres humanos, em todos os campos da vida. Por isso, faço o convite: venha para a minha turma e suba a sua régua do sucesso a partir de agora. Prometo fazer com que você queira ser cada dia melhor como profissional, mas principalmente como mulher.

Nos próximos capítulos, você conhecerá a bagagem de erros e acertos que acumulei nos negócios que alavanquei. Vida real é assim: não foram só flores! Mas foi sempre com muita vontade, muito amor!

Mais do que aproximar essas experiências da sua realidade, tudo que contarei vai ajudar você a encontrar maneiras mais produtivas e inspiradoras de fazer do empreendedorismo o veículo certo para a sua liberdade financeira.

Eu não nasci empreendedora, mas me tornei a melhor que eu consegui ser! E continuo evoluindo... Parabéns a você e a todas as mulheres que se decidiram pelo caminho mais difícil, por vezes mais arriscado, porém mais empoderado e gratificante.

Essa necessidade de sempre precisar provar ser dez vezes melhor do que os outros para ser notada nos ambientes executivos precisa acabar (para o nosso bem e para o das meninas que entrarão no mercado de trabalho em breve). *Querer* é o primeiro passo. Mas *saber o que fazer* é o que vai ajudar você a chegar mais longe – e é para isso que estamos aqui.

Há cinco desafios que as mulheres que empreendem enfrentam e que o método que apresento neste livro vai ajudar a alcançar:

1. **Equilibrar melhor rotinas profissionais e pessoais, trazendo alívio para tantas tarefas e principalmente (auto)cobranças;**
2. **Ter ferramentas para combater assédios e preconceitos;**
3. **Conseguir acessar fontes de crédito/financiamento para gerar renda e multiplicar mais e mais;**
4. **Encarar o medo de fracassar com estratégias para assumir riscos calculados;**
5. **Administrar as finanças para, enfim, ter resultados cada vez maiores.**

O método Mai$ é composto dos três passos representados a seguir:

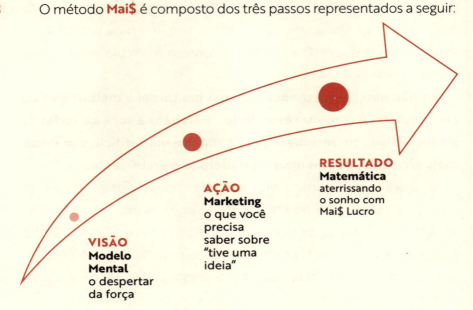

Para cada um, preparei um capítulo. Adianto que, primeiramente, você precisa acreditar que prosperar é possível, ter uma mentalidade (ou modelo mental) de quem quer e vai se empoderar. Por isso, o conteúdo que abordarei no capítulo 5 vai despertar a sua força, mostrar o caminho, dar o trilho, facilitar que enxergue muito além de obter uma rendinha extra.

Como você arriscará mais para deslanchar, precisará se preparar psicologicamente para fazer dar certo. Mas eu garanto que essa mudança de visão fará você evoluir de patamar, e não só financeiramente. Analisar com mais profundidade os comportamentos será fundamental para construir uma boa base fértil para depois poder "plantar" as melhores sementes de empreendedorismo.

Se, juntas, conseguirmos que mais mulheres reflitam sobre o que desejam para a sua vida, que conversem sobre dinheiro e sucesso e assumam uma posição de controle financeiro... causaremos uma baita revolução na sociedade.

Na segunda fase do método, vamos colocar o empreendedorismo no background e aprofundar o tema, explorando seus talentos e objetivos. Exigirá que você parta para a ação, disposta a transpor a sua ideia de negócio para o mundo concreto. Aqui, entra o marketing, que não diz respeito apenas à comunicação, como a maioria das pessoas acha.

O capítulo 6 trará estratégias de uma maneira muito mais prática e abrangente de utilizar o marketing do que simplesmente divulgar o que está sendo vendido. Tem a ver com construir um produto e oferecer a melhor experiência, conforme vou detalhar. Você entenderá que tem um caminho a percorrer para planejar e executar o seu trabalho criando uma narrativa que agrade sobretudo a si mesma.

Por fim, é igualmente importante aterrissar do sonho alcançando lucro. É o que suporta qualquer projeto e dá sustentabilidade ao negócio. Não adianta ter um produto ou serviço e marketing incríveis, mas sem uma gestão eficiente das finanças – é o que eu chamo de olhar para a matemática do negócio.

De modo breve, o método **Mai$** prevê que você se prepare mentalmente para o sucesso e depois faça acontecer. Então, o terceiro passo será medir o resultado, visando aumentar os ganhos – de dinheiro, de clientes, de visibilidade, de realização individual e com seu time de colaboradores. Chegou a sua vez de atingir mais, muito mais disso tudo, mudando o jogo do sucesso, que até agora esteve viciado para só os homens ganharem.

Quem ainda acha que as mulheres não estão preparadas mentalmente para o sucesso, nem são boas gestoras e habilidosas com finanças, ficará de queixo caído com a altura que seu foguete alcançará.

Está pronta para voarmos juntas?

CASE BURGER KING

A minha história com o empreendedorismo foi desafiadora, como tantas outras por aí. Trabalhei em lugares que me ensinaram muitas coisas boas, mas também me forçaram a "engolir sapo" e lidar com situações pouco agradáveis, que me fizeram querer seguir um caminho independente, conectado aos meus valores e, claro, que me proporcionasse mais dinheiro.

Foi assim que nasceu a Chess Comunicação: eu ia me casar, e a minha situação financeira e a do meu noivo não era das melhores. Hugo estava endividado e desempregado; e eu, recebendo menos de um salário mínimo por mês. Ou seja, meu remédio era um CNPJ. Comecei sem planejamento e misturando todas as contas da empresa com as minhas pessoais. Era basicamente um trabalho de freelancer que gostaria de ver crescer, sem a mínima ideia de como fazer isso. Só pensava em montar portfólio, criando o máximo de peças possível, pois aquilo me renderia uma boa vitrine para valorizar o meu passe.

Foram três anos me virando com o comercial, clientes, contador, operação, financeiro, entrega etc., até receber o convite para ser sócia franqueada do Burger King nos estados do Paraná e do Rio Grande do Sul. O grupo tinha restaurantes em outras regiões do país e com excelente perspectiva de crescimento. Buscava pessoas proativas que se mudassem para Porto Alegre e tocassem o plano de expansão da rede.

Para entrar no grupo como sócia minoritária, me endividei em algumas centenas de milhares de reais. Tinha um pró-labore que, na época, era menos da metade da remuneração do Hugo, embora tivéssemos responsabilidades semelhantes. Mas ok, estávamos unindo forças.

Nós dois nos mudamos para a capital gaúcha e começamos a cumprir o plano com "faca nos dentes e sangue nos olhos".

Nosso primeiro restaurante foi um protótipo para treinamento, que criamos com isopor e papelão no salão de uma igreja. Ali, treinamos cinquenta funcionários da nossa primeira operação.

No dia 12 de dezembro de 2006 inauguramos o Burger King no Shopping Iguatemi de Porto Alegre, e foi a experiência mais apavorante da minha vida. Eu nunca tinha visto tanta gente na praça de alimentação de um shopping. Filas de horas. Não tínhamos velocidade de atendimento. Os clientes reclamavam. Faltavam troco, produto, braços, cofre. O dinheiro entrava e era guardado em caixas de papelão na gerência (sem tranca). Era o caos!

Eu "respirava" aquele negócio. Vivia aquele negócio. Tinha cheiro de sanduíche Whopper. E, por mais que eu e o Hugo déssemos o sangue naquela operação, nossa inexperiência reverberava na falta de lucro. Abrimos mais alguns restaurantes, e os resultados continuavam ruins. Não entendia por que não sobrava dinheiro, já que "eu tinha nascido para empreender". Se o Hugo tinha MBA em Administração, e eu em Marketing, como era possível dar errado? O que estaria atrapalhando o nosso plano perfeito?

Talento e esforço, no entanto, são insuficientes quando você não sabe para onde ir ou o que fazer.

Após três anos, eu e o Hugo estávamos na reunião mensal de resultados do BK Centro-Sul, que acontecia todo início de mês em Goiânia. O grupo detinha a concessão da marca Burger King no Brasil para Minas Gerais, Centro-Oeste, Distrito Federal, Paraná e Rio Grande do Sul. E, embora eu fosse franqueada apenas das lojas do Sul, também era diretora de marketing do grupo com cadeira no comitê de marketing nacional.

Após a apresentação de resultados e a visualização de um *dashboard* completamente vermelho nas operações gaúchas (responsabilidade minha e do Hugo), o nosso sócio e presidente do grupo nos chamou na sala dele e foi curto e grosso: "Ou vocês fazem alguma coisa, ou vocês estão fora".

Foi a pior e a melhor reunião da minha vida. Ela me provocou a agir, me desafiou a ter clareza sobre o futuro e sobre o que fazer para desenhar um bom plano. Após um ano, a nossa operação passou a ser premiada como a melhor franquia do Brasil. Foi assim por três anos consecutivos.

Em 2017, participamos do IPO do Burger King no Brasil, vendendo 100% das lojas do grupo em uma negociação de centenas de milhões de reais. E se tem uma coisa que eu posso dizer é que valeu a pena cada bronca, cada puxada de orelha, cada tropeço, cada noite virada, cada lágrima, cada tudo!

Talento e esforço,
no entanto,
são **insuficientes**
quando você não
sabe para onde ir
ou o que fazer.

MODELO MENTAL: O DESPERTAR DA FORÇA

CAPÍTULO 5

Durante todos esses anos, estudando e aplicando ferramentas sobre o comportamento humano, aprendi que toda mudança começa a partir de uma decisão. Decidir de verdade, com todas as suas forças, realizar algo e não parar. Decidir alcançar a sua meta, seguindo mesmo com dor. Decidir não entrar na espiral do vitimismo e enfrentar os seus medos. Decidir ter a coragem de seguir seu coração. Decidir mudar os pensamentos para, então, mudar os sentimentos, reconfigurando crenças que estão limitando seus passos.

Essas decisões guiarão você para um caminho novo e exigirão que assuma as consequências das suas escolhas – nem sempre prazerosas no início; às vezes é necessário abrir mão de algumas coisas, por exemplo, ficar na cama até tarde. A boa notícia é que esse processo fortalecerá a sua mente, pois toda mudança ocorre primeiro dentro da sua cabeça.

O seu modelo mental é a base que sustentará todo o resto, como conhecimento e vontade de atingir um objetivo.

Neste capítulo, vamos explorar a mudança de pensamentos (ou modelo mental) como veículo para você se sentir empoderada na vida pessoal e profissional. Há tantas crenças erradas ou negativas que são gravadas no seu subconsciente desde a infância. E essas crenças podem boicotar seus sonhos pelo resto da vida – a menos que você aprenda a ressignificá-las.

Para ressignificar, é preciso buscar novos estímulos e novas referências. Há muitos mentores voltados à educação empreendedora produzindo conteúdos (por meio livros, cursos, lives) para mudar, sobretudo, a mentalidade das pessoas. Porque é necessário desbloquear, dar um *reset*, para você conseguir se livrar das ideias tóxicas (a de ser incapaz, por exemplo) e limitantes, liberando espaço para moldar uma mentalidade de prosperidade.

NÓS TEMOS ESSA POTÊNCIA MENTAL

Se pensarmos em um avião ou foguete, o momento em que ele mais precisa de potência nos motores é na partida, para sair do chão, pois a lei da gravidade o empurra para baixo. Isso também acontece com as mulheres, que precisam usar a sua potência mental, emocional, comportamental para decolar seus sonhos, vencer resistências como preconceitos ou julgamentos.

Talento ajuda no início, mas as precisa de força, potência e consistência para não ser desperdiçado.

"Ser mulher é difícil pra caramba!", desabafou certa vez a cantora Iza no programa *Espelho* (apresentado por Lázaro Ramos, no Canal Brasil).[48] Além da pressão social que as mulheres sofrem, e abordamos várias delas nos capítulos anteriores, há uma competitividade feminina que transforma até celulite em "uma questão", nas palavras dessa cantora supertalentosa, negra, feminista, com carisma avassalador.

Ela contou ao Lázaro Ramos ter cabeça feita, que usa a sua potência para cantar músicas que dão autoestima e libertam dessas correntes todas. O resultado é que a Iza faz mais sucesso ainda.

---

48 A PRESSÃO social de ser mulher, por IZA | Espelho. Vídeo (3m33s). Publicado pela página do Canal Brasil no Facebook. Disponível em: https://www.facebook.com/watch/?v=225517515637800. Acesso em: 16 dez. 2021.

Até bem pouco tempo, eu acreditava ser uma pessoa de bastidores. Evitava exposições, pois dizia a mim mesma que era muito melhor fazendo negócios do que aparecendo na internet ou em qualquer outro meio de comunicação. Na verdade, era o meu jeito de fugir do julgamento das pessoas – inclusive porque eu era severa demais comigo mesma.

Minha carreira já era bem-sucedida, mas todas as justificativas que eu dava para não me expor eram desculpas para não enfrentar a opinião alheia sobre minhas fotos, apresentações e meus vídeos. Além disso, sentia um pouco da síndrome da impostora. Achava que meus resultados, por mais contundentes que fossem, não eram bons o bastante. Por tudo isso, eu achava mais "confortável" me encolher e ficar nos bastidores.

Meus sócios diziam que eu tinha obrigação de ensinar o que sabia. Meu telefone não parava de tocar com pessoas me pedindo consultoria, mentoria etc. Ao fim de cada palestra, muita gente vinha falar comigo – principalmente mulheres dizendo o quanto se sentiam inspiradas e tocadas com a minha apresentação. Mesmo com todos esses sinais da minha grande força interior, eu a mantinha adormecida em vez de disseminá-la.

Quando inventamos desculpas para não tomar o caminho mais desafiador, a pergunta que temos que nos fazer é: essas explicações estão nos impedindo de conquistar algo maior, estão nos paralisando?

É importante aliviarmos os medos que nos afligem, quebrarmos as correntes mentais que nos prendem para chegarmos longe, e falo com propriedade. Cheguei a fazer muita terapia para descobrir de onde vinha a minha insegurança com a câmera, que era algo que me impedia de divulgar meu nome e meu trabalho. O curioso era que acontecia apenas com os meios digitais, e, nesse processo de investigação, encontrei feridas abertas que precisei enfrentar para, enfim, tratá-las e seguir adiante.

Comecei, então, um processo de autoconhecimento, com o objetivo de alcançar alta performance em vários aspectos da minha vida, respondendo à minha fome de alma e a minha vontade de expandir. Estudei Programação Neurolinguística (PNL) e linguagem corporal, fiz diferentes terapias, recorri ao esoterismo, fiz uma formação internacional em coaching pela Febracis e desenvolvi diversas outras habilidades que me ajudaram a atingir um estado de consciência mais apurado.

Precisei ressignificar meus objetivos e tomar decisões dolorosas que afetaram toda a minha vida. Transformei aspectos do meu presente que estavam dissonantes das minhas aspirações de futuro. Mudei o meu corpo e a minha trajetória profissional; me reconectei com a minha essência e com a minha espiritualidade, criando laços importantes com Deus; melhorei a relação com os meus filhos; voltei a investir com assiduidade; passei a ler mais e a ter uma rotina focada no meu fortalecimento como mulher.

Aos 40 anos, decidi ouvir as vozes da minha intuição e experimentar a liberdade de ser eu mesma, sem a pressão de ser uma mulher perfeita. E, mesmo com medo e com tantas dúvidas sobre o certo e o errado, fundei a minha empresa, do meu jeito e com a minha visão de mundo. Só depois de anos da caminhada como empreendedora, tive clareza do meu propósito: inspirar e ajudar as pessoas a conquistar o melhor de si, passando, claro, pelo empreendedorismo e pela liberdade financeira.

PARANDO DE DUVIDAR
DOS PRÓPRIOS SONHOS

A minha formação em coaching foi com o Paulo Vieira, também autor da Editora Gente. E fez muito sentido para mim entender que é impossível resolvermos os nossos problemas apenas com conhecimento cognitivo, enquanto estivermos aprisionados pelas nossas emoções, que são formadas ou reforçadas a partir da construção de um poderoso sistema de crenças, os quais podem ser de identidade, capacidade e merecimento.

Alcançar uma vida próspera e plena é impossível para as pessoas que estão perdidas em relação ao que são. Isso porque elas duvidam da própria capacidade de realizar aquilo que ainda não sabem que desejam e nem têm a convicção de que são merecedoras disso. É preciso entrar em um ciclo mais positivo de estímulos que gerem pensamentos e sentimentos também positivos, para, assim, criar crenças melhores (de que é capaz, por exemplo) e transformá-las em ações.

O melhor é que essas novas ações gerarão mais estímulos, pensamentos, sentimentos, crenças e ações. E assim você caminhará, destravando barreiras mentais e ganhando força para realizar seus sonhos.

No momento em que você toma consciência de que vale a pena entrar de cabeça nesse ciclo virtuoso, entendendo que tudo começa pelos estímulos oferecidos ao seu cérebro, passa a deter o poder de ser seletiva sobre o que deixa entrar e impactar a sua mente.

Livre-se da negatividade! Muito melhor é se convencer de quais são seus valores e pontos fortes, para se mover até conseguir estar nos lugares certos e com as pessoas certas, pois isso ajudará a visualizar uma imagem positiva de futuro.

Todas nós temos essa potência mental. É uma questão de reconhecê-la e utilizá-la em nosso favor. Saiba, porém, que mudanças exigem:

» **Uma nova referência;**
» **Uma visão positiva de futuro;**
» **Um plano adequado;**
» **Consistência para executar esse plano.**

Quando perguntei à minha professora em quanto tempo eu emagreceria e quantos quilos seriam, ela baixou a minha ansiedade trazendo, em vez de números, uma nova perspectiva: "Vamos trabalhar para você conquistar o melhor corpo da sua vida". Ela me entregou uma imagem positiva da Chris no futuro, e passei a perseguir aquela imagem.

Muitas vezes começamos a mudança com uma visão limitada. Isso se deve ao nosso modelo mental atual, que foi acumulando crenças equivocadas por meio de nossa criação. É hora de parar de duvidar dos próprios sonhos e de achar que são impossíveis. Já vivi tantos milagres que, hoje, acredito de verdade que não existem limites para nossa fé e resiliência. Desafios são bons, e as mulheres gostam deles! Eles nos fazem seguir adiante, despertando uma força que não sabíamos que tínhamos.

Percebo isso no dia a dia. Trabalho com um time de inconformados e incansáveis, e estamos fazendo história em pouco tempo. Em nossos projetos, gostamos de definir três metas: a mínima, a happy (feliz) e a Rocket. Claro que a terceira é muito ousada e supera (de longe) as médias do mercado. Mas é a meta Rocket que nos desafia a chegar cada vez mais longe.

A seguir, vou apresentar a você oito ferramentas que a ajudará a dar uma virada de chave mental, despertar a sua força, botar potência nos seus planos.

O DESPERTAR DA FORÇA 1: COMECE PELA AUTORRESPONSABILIDADE

Autorresponsabilidade é assumir que tudo que acontece na sua vida é sua responsabilidade. Então, não adianta culpar nada nem ninguém por seus infortúnios.

Quando inventamos desculpas para não tomar o caminho mais desafiador, a pergunta que temos que nos fazer é: essas explicações estão nos impedindo de conquistar algo maior, estão nos **paralisando**?

O tipo de relacionamento que você tem é responsabilidade sua. A relação que você tem com a sua família, idem. Se você está feliz ou infeliz no trabalho, é sua responsabilidade. A quantidade de dinheiro que tem na sua conta bancária também... E, mesmo que sofra coisas ruins, você pode escolher se fará desses acontecimentos uma fonte de aprendizados ou uma morada permanente.

Temos o poder de filtrar os estímulos que deixamos passar, pois o importante não é o que acontece, mas o que fazemos com o que nos acontece. Às vezes, deixamos de viver o presente porque ficamos travados no limbo das nossas dores. Alimentamos lembranças do nosso passado, construindo um futuro que ainda não chegou. Com medo do que foi e ansiedade do que está por vir, nós nos acovardamos. Chamamos de prudência, mas na verdade são os traumas e as feridas nos impedindo de aproveitar a vida.

Eu me preocupo muito com a capacidade das novas gerações de lidar com as frustrações e de se reerguerem. Trabalho frequentemente essas questões com meus filhos, deixando de lado a mãe superprotetora para permitir que passem por situações que vão ajudá-los a medir o risco e se levantar depois de um tombo. Literalmente.

Certa vez, minha filha, quando tinha cerca de 6 anos, estava com um patinete e quis descer uma rampa de 10 metros em alta velocidade. Expliquei que era muito arriscado, pois ela chegaria lá embaixo também em alta velocidade e não conseguiria frear o patinete. Mas ela insistiu: "Mãe, eu quero descer!".

Eu a fui enrolando e a distraindo até a metade da rampa para que o tombo fosse um pouco menor. Dito e feito. Ela partiu da metade da rampa, chegou lá embaixo igual a um foguetinho, caiu e ralou as mãos e o joelho. Eu me aproximei com calma, enquanto ela chorava horrores, a coloquei no colo, fiz um carinho e falei: "Marcela, você quis se arriscar mesmo eu avisando. Então agora você vai se levantar e vai até a enfermaria comigo fazer um curativo, porque ficar chorando não vai resolver o seu problema".

Hoje nós damos risada desse episódio, mas precisei permitir que minha filha se machucasse para que pudesse ensinar a ela a se levantar.

É preciso tocar o barco, pois colocar a culpa no mundo **por sua infelicidade, ou ficar na cama alimentando pensamentos ruins, não contribuirá para conquistar um dia melhor.**

Digo o mesmo a você, que já ralou na vida, teve machucados físicos e principalmente emocionais que deixaram cicatrizes: vamos tocar o barco! Se está vivendo um dia ruim, permita-se sentir a sua tristeza, encarar as razões desse sentimento sem ficar alimentando seus pensamentos infinitamente, ou a tristeza crescerá dentro de você.

DESPERTAR DA FORÇA 2: EXPLORE O PODER DO FEMININO

O livro *Mulheres que correm com os lobos*[49] traz um conto da Baba Yaga, a bruxa da floresta, que fala muito sobre o poder da intuição e do quanto as mulheres se desconectam do feminino querendo ser quem elas não são. O esforço é tão grande que vão se afastando cada vez mais do seu feminino.

Nesse conto, a megera Baba faz algumas perguntas para uma menina. Se ela acertar todas, poderá voltar para casa com lenha para aquecer o fogo. A madrasta e as irmãs acham que a menina será morta, só que não será o caso. Ela consegue se reconectar com a própria intuição, que a salva. Penso na bruxa simbolizando muitos dos nossos medos, uma vez que podemos enfrentá-los com o poder do feminino. Tem a ver com a importância de se reconectar com o seu feminino.

---

49 ESTÉS, C. P. **Mulheres que correm com os lobos**. Rio de Janeiro: Rocco, 2018.

Eu me lembrei desse conto quando fazia o maior lançamento digital pela nossa empresa em setembro de 2021. Investimos cerca de 350 mil reais, e pressenti que algo não estava perfeito. Comentei com meu sócio, que me tranquilizou. Um pouco depois ouvi: "Você estava certa. Detectamos um problema, mas já estamos cuidando dele".

Por que confiei menos no meu instinto do que na avaliação do meu sócio? Talvez porque ele é homem (a quem nos acostumamos sempre a ouvir) e porque tem um bom conhecimento técnico. Muitas vezes, nos afastamos do nosso feminino e perdemos poderes, principalmente o da intuição, que nas mulheres é forte.

O livro de Estés trabalha o arquétipo da mulher selvagem, que seria a nossa versão "não domesticada", uma força viva que deveria estar a salvo dos predadores. Os contos e lendas dele reúnem reflexões profundas sobre o que é inerente à natureza feminina, e que às vezes ignoramos por completo quando deixamos de ser quem somos, agindo no automático ou vivendo coisas que, lá no fundo, não fazem sentido.

Por exemplo, em ambientes de negócios, por que temos que usar terninho? Seu guarda-roupa pode dizer muito sobre como está sua mente. A advogada Mayra Cotta e a consultora de moda Thais Farage escreveram o livro *Mulher, roupa e trabalho: como se veste a desigualdade de gênero*,[50] no qual questionam essa adaptação à estética masculina para sermos aceitas em espaços de poder. Elas ressaltam que só vamos mudar essa realidade conversando mais sobre esse tema.

Falando em conversa, lembro-me de uma sensacional que tive em 2019 com a Camila Klein, designer de joias e artista plástica. Sugeri que convidássemos cerca de vinte mulheres com trabalhos *megapower* e desenvolvêssemos para elas uma linha de acessórios masculinos (por exemplo, gravatas, suspensórios e canetas) com uma leitura feminina.

---

50 COTTA, M.; FARAGE, T. **Mulher, roupa e trabalho**: como se veste a desigualdade de gênero. São Paulo: Paralela, 2021.

A artista, que estava buscando resgatar a natureza da mulher selvagem em seu trabalho, me mostrou um ponto de vista diferente e pertinente. Ela me disse não ser necessário usar objetos típicos do universo masculino para uma mulher se fazer mais poderosa. Camila estava certa e ainda lançou uma coleção, Mulher Sagrada, exaltando o poder feminino e a sabedoria primitiva que está no nosso DNA.

De fato, devemos nos apoderar do que é genuinamente nosso, do universo feminino, com orgulho. Somos mulheres e não precisamos estar de gravata para nos sentirmos poderosas e sermos vistas como tal. Se quisermos ir a uma reunião de vestido, devemos ter esse direito e liberdade de escolha. As comissárias de bordo da companhia aérea SkyUp Airlines[51] deram esse recado ao mundo ao comemorar a troca do salto alto pelo confortável tênis e pela aposentadoria da tradicional saia lápis.

DESPERTAR DA FORÇA 3: VEJA BELEZA NA PLURALIDADE

Sabe aquela angústia de não querer ser uma coisa só, de não caber em um padrão único, em uma forma moldada pelos outros? Sabe aquela facilidade de transitar em diversos assuntos e de usar todos os sentidos para perceber o que acontece ao redor, como se tivéssemos uma antena ligada?

Então... é um superpoder. Só que, de tanto ouvirmos que é preciso focar algo, às vezes lutamos contra a beleza da pluralidade e caímos na rede da mesmice. Não deixe que as pessoas atribuam rótulos a você! Faça dos seus princípios e valores os seus norteadores e

---

51 CHORNOKONDRATENKO, M.; KARAZY, S. Companhia troca salto alto por tênis e aposenta saia de aeromoças. **CNN Brasil**, 11 out. 2021. Disponível em: https://www.cnnbrasil.com.br/business/companhia-troca-salto-alto-por-tenis-e-aposenta-saia-de-aeromocas. Acesso em: 15 dez. 2021.

permita-se ser como a água, fluindo e se ajustando ao percurso de cada rio.

Foco é a capacidade de se manter concentrada em uma ação até provocar a mudança desejada. E a pluralidade pode ser uma grande aliada da criatividade e da sua capacidade de resolver problemas. Quanto mais recebemos estímulos diferentes, maior é o nosso repertório de referências para conectar pontos a partir da curiosidade e de um radar aguçado.

Entenda quais são as suas maiores habilidades e concentre-se em fortalecê-las para que você seja extraordinária em algo, mas sem perder a sua visão do todo. Em outras palavras, é importante escolher um nicho de atuação, uma área para abordar com autoridade. É preciso, também, ter fluidez em outras para não limitar os estudos e os aprendizados. Existe pluralidade de interesses e competências dentro de nós, e temos mais é que aproveitar.

Talvez você se pergunte como essa beleza da pluralidade se conecta com o objetivo deste livro sobre empoderamento. Para responder, recorro a uma conversa que tive com o Wendell Carvalho, empreendedor e pesquisador dos padrões de comportamentos humanos. Falamos sobre essa cobrança para definirmos um nicho de atuação. Nós partilhamos da mesma visão de que devemos nos guiar pelos nossos valores e pelo que ele chama de vida épica – que é estar bem em todos os aspectos que julgamos importantes.

O empoderamento, sentir-se bem na própria pele e forte mental e emocionalmente, precisa estar transbordando na sua vida: no trabalho, na saúde, nos relacionamentos e, claro, na parte financeira. Isso tudo tem a ver com a questão da pluralidade, de não nos resumirmos a estereótipos e nem forçarmos a barra para caber em algum. Tem dia que estou compenetrada, estudiosa, querendo produzir à beça; e tem dia que só quero relaxar, treinar boxe, publicar *stories* engraçados... E está tudo certo, porque eu sou plural.

DESPERTAR DA FORÇA 4: LIBERTE-SE DA CULPA

É difícil não sentir culpa quando você faz parte de uma sociedade patriarcal. Aprendi muito sobre esse histórico lendo *A dominação masculina*.[52] Nesse livro, Pierre Bourdieu analisa o comportamento dominante masculino que sobrevive até hoje, com as desigualdades entre os sexos sendo naturalizadas.

Bourdieu explica que muito do que nós, mulheres, vivemos não é natural. Foi construído socialmente, e não por sermos mais empáticas. Vivemos em sociedade, então somos condicionadas desde criança a atender vários padrões, como o de cuidar dos filhos e da casa. E a culpa aparece quando começamos a vislumbrar sonhos que extrapolam esses papéis reforçados socialmente.

É um ciclo vicioso, pois faz a mulher se sentir incompleta, infeliz, o que dificulta dar vazão a esses sonhos, intensificando a culpa pela não realização pessoal. Você se sente assim? Para se libertar disso, é preciso ter coragem de se perguntar: o que você *quer*? Responda sinceramente sem ficar pensando no que os outros querem para você. Olhe para si e por si.

No livro *Para educar crianças feministas*,[53] Chimamanda Ngozi Adichie aborda o feminismo com a perspectiva de um mundo de oportunidades iguais para homens e mulheres. Como ainda não é assim, nossas ações continuam recebendo um filtro julgador que é fruto do patriarcado. Isso gera sentimento de culpa nas mulheres quando fazem o comparativo com o sexo oposto. Pensar em viajar com amigas, deixando as crianças por cinco dias com o cônjuge, parece um crime. Mas a pergunta que não quer calar é: se

---

52 BOURDIEU, P. **A dominação masculina**: a condição feminina e a violência simbólica. Rio de Janeiro: Bertrand Brasil, 2019.

53 ADICHIE, C. N. **Para educar crianças feministas**: um manifesto. São Paulo: Companhia das Letras, 2017.

os homens fazem isso com tranquilidade, por que nos sentimos tão culpadas? Esse é um indício de que o sentimento advém de estímulos, pensamentos, sentimentos e crenças alimentadas e formadas pelo machismo.

Uma vez que nos ligamos nos filtros que estamos usando, passamos a entender a raiz dos nossos sentimentos e das nossas ações e conseguimos mudar os estímulos (não mais os do patriarcado) para ressignificar os nossos paradigmas (não mais reforçando o machismo).

DESPERTAR DA FORÇA 5: VOCÊ, CAPITÃ DO SEU DESTINO

Tem a ver com fazer escolhas, ir atrás daquilo que se quer, tomar decisões que agradem a si mesma. Guiar-se sobretudo por aquilo que pensa e sente. E, assim, assumir o posto de capitã do seu destino. Para isso, investir em autoconhecimento é ainda mais importante. É necessário olhar para dentro e se perguntar: quem sou eu?

Se você não souber quem é e o que quer comunicar por meio do seu negócio, corre o risco de investir rios de dinheiro para criar um negócio sem alma.

Andy Warhol foi um dos artistas mais influentes e importantes do movimento Pop Art, pintando peças icônicas como o rosto de Marilyn Monroe e de Mao Tsé-Tung em cores vibrantes. Até hoje o artista inspira os empreendedores. Ele dizia que ser bom nos negócios é o tipo mais fascinante de arte. Que fazer dinheiro é arte, trabalhar é arte e bons negócios são as melhores obras de arte.[54] Eu concordo com ele. Criar um negócio que tem alma faz você conseguir "envelopá-lo" com suas histórias, criar comunidade,

---

54 *Diários de Andy Warhol* é uma série documental exibida pela Netflix.

Temos o poder de **filtrar** os estímulos que deixamos passar, pois o importante não é o que acontece, mas o que fazemos com o que nos acontece.

fortalecer o seu *branding* e diminuir a necessidade de investimento em comunicação.

Ainda sobre a questão de identidade, uma dica para saber o que você gosta de fazer é olhar para tudo que foi obrigada a estudar e o que mais estudou porque quis. Refletir sobre as áreas do conhecimento que despertam o seu interesse é um bom ponto de partida para você assumir as rédeas do seu destino.

A partir do momento que você tiver clareza sobre os seus valores e a sua identidade, comece a pensar a longo prazo. Em cinco, dez anos, onde espera estar? O que pretende conquistar? Como espera que esteja a sua saúde, a sua família, o seu relacionamento, a sua espiritualidade, a sua saúde financeira, a sua carreira?[55]

Após definir seu estado atual e visualizar seu estado desejado, pense em quais habilidades você precisa desenvolver para alcançar os seus objetivos. Em seguida, trace um plano, com duas ações práticas por semana, para cada um dos pilares que você listou, e tenha consistência no cumprimento dessa rotina.

DESPERTAR DA FORÇA 6: ACENDA SUAS AMBIÇÕES

Você tem fome de quê?

Conforme falamos anteriormente, as ambições de uma pessoa diferem das ambições de outra. É algo absolutamente individual – e não há certo ou errado. Envolve a própria percepção de sucesso, e essas ambições precisam fazer sentido para você.

Houve uma época em que eu prestava serviços de consultoria para empresas, e um dos meus contratantes era uma marca de confeitaria com quatro lojas na cidade de Goiânia. O objetivo da

---

[55] No site christaveira.com.br, você encontrará uma ferramenta que a ajudará a traçar um panorama da sua atual situação e planejar a sua rota.

proprietária Juliana era criar um plano de marketing, uma vez que cresceu de modo intuitivo e sem critério.

Assim como na vida, precisamos entender quais são os norteadores em um negócio e o que os empreendedores pretendem. Nesse caso, esperava ouvir "quero franquear a marca", "quero crescer mais e mais", mas não foi o que aconteceu. Juliana me explicou que a empresa foi dimensionada para ter aquela estrutura e que, com quatro pontos de venda, já estava no limite. Buscava um planejamento de marketing para melhorar a experiência do cliente, incrementar as vendas pela internet – principalmente nos horários ociosos – e fazer um trabalho de *branding* para valorizar o mix de produtos e a lucratividade do negócio. Juliana queria que sua performance alavancasse, fazendo melhor com o que já tinha construído, ou seja, otimizando recursos.

Para acender suas ambições, é importante perguntar: o que é sucesso *para você*? Permita-se ousar na resposta! Crie uma lista, coloque nela tudo aquilo que você pretende conquistar e monte o seu quadro dos sonhos – que nada mais é que um mural com uma série de fotos ou desenhos que você mesma seleciona e que representem como deseja estar em cinco ou dez anos. Esse exercício a conduzirá a uma imagem positiva de futuro para que você consiga, de modo intencional, gerar estímulos positivos e melhorar os seus resultados.

Lembre-se:

ESTÍMULOS PENSAMENTOS SENTIMENTOS CRENÇAS AÇÕES RESULTADOS

Atenção: escolha figuras que representem, especificamente, suas metas batidas. Deixe o seu quadro dos sonhos perto de você para poder olhar para ele todos os dias, permitindo que ele alimente as suas ambições e lhe dê forças.

Tudo que você colocar nele vai dizer muito sobre o seu nível de merecimento. Caso você ainda esteja presa na rendinha extra, esta é a hora de extrapolar e de dizer ao universo o tamanho do sucesso que você quer para si. Não se prenda à culpa ou aos seus medos!

DESPERTAR DA FORÇA 7: SUBA UM DEGRAU DEPOIS DO OUTRO

O livro *Sonho grande*[56] conta que, para Jorge Paulo Lemann, economista e empresário suíço-brasileiro, sonhar grande e sonhar pequeno dá o mesmo trabalho. Bom, por tudo que ressaltei nos capítulos iniciais, para nós, mulheres, sonhar grande é mais trabalhoso, mas também possível quando encaramos a nossa jornada não como um salto, mas como uma escada.

Cada degrau importa, tem uma função e nos deixará mais próximas do topo. Na prática, vale a pena organizar o pensamento para fazer uma coisa de cada vez e, assim, avançar. Significa ter em mente esta pergunta: qual é o próximo passo?

Simulando que você confeccione pijamas, e os pedidos comecem a aumentar, o próximo passo poderá ser contratar duas pessoas para trabalhar ao seu lado, o que possibilitará dobrar a sua produção. Feito isso, qual o próximo passo? Contratar mais duas pessoas e locar ou comprar mais duas máquinas de costura. Beleza! Qual o próximo passo? Fortalecer seus canais virtuais de vendas. Qual o próximo passo? Abrir uma lojinha no bairro. Você tem a ambição de, lá na frente, ter várias lojas nos melhores shoppings.

Pense grande e comece pequeno. Faça testes, aprenda sobre os seus clientes e, antes de acelerar, tenha certeza de que está na direção certa.

---

56 CORREA, C. **Sonho grande**. Rio de Janeiro: Primeira Pessoa, 2013.

Importante: aprenda a dizer não para tudo que desviar sua energia dessa escada. Ter consciência do objetivo que quer alcançar dará segurança para tornar sua mente mais focada e seletiva.

Visualizar essa escada (visão de longo prazo), com degraus que precisa subir (cada um pode ser uma atitude, um conhecimento novo, um risco a correr, uma parceria etc.), evita aquela sensação de ficar só apagando incêndios sem avançar, no *rolê* do curto prazo (que parece não acabar nunca).

Poderá errar no meio do caminho, tropeçar em um degrau ou outro? Sim, mas aprenderá com as falhas e seguirá ainda mais determinada.

DESPERTAR DA FORÇA 8: VÁ DE CABEÇA ERGUIDA

Significa agir pela sua cabeça, independentemente das críticas que receber. Os falatórios existirão por parte dos críticos de plantão. Mas, se algumas pessoas não gostaram ou se fariam diferente, não é problema seu. Faça o seu melhor e desapegue-se da necessidade de agradar fulano e beltrano, seguindo com orgulho de estar realizando tudo aquilo que você quer.

Eu admiro as mulheres que simbolizam essa liberdade de serem autênticas. Que atingem um sucesso enorme, deixando claro que não ligam para o que os outros vão falar delas. A maior artista do Brasil aos olhos do mundo, a Anitta, personifica esse comportamento de agir pela própria cabeça, com orgulho do que vem construindo. Quem não gosta disso é que está perdendo!

Como ela, e tantas mulheres de sucesso em suas áreas, se você estiver cuidando do seu feminino, procurando ser sua melhor versão, sendo capitã do seu destino, despertando suas ambições e subindo degraus na vida de cabeça erguida... já tem muito de que se orgulhar.

O pensamento é nesta linha: não me interessa o que as pessoas vão falar. Ninguém estará lá quando as luzes se apagarem. O que eu quero é ser feliz.

O ambiente artístico é repleto de preconceitos, assim como o dos negócios. Só que várias profissionais começaram a trazer uma perspectiva feminina para as letras das músicas, os figurinos, as coreografias, até as piadas. São mulheres que usam a própria força para mudar o modelo mental da sociedade com esta mensagem: "escute o que as mulheres querem dizer e respeite".

CASE CORRETOR DE ELITE

Um dos nossos cursos de maior sucesso para o mercado imobiliário é ministrado pelo Ricardo Martins, visto em 2022 como o maior expositor imobiliário do Brasil, com cerca de 50 milhões de visualizações mensais em suas redes sociais. Quando começamos a trabalhar com o Ricardo, ele tinha 38 mil seguidores e passou a ser considerado um fenômeno.

Criamos um método focado em alta performance para corretores imobiliários e começamos trabalhando a transformação do modelo mental. Até por isso, esse é o primeiro pilar do meu Método Mai$, que você está conhecendo neste livro. Já testamos com milhares de corretores de imóveis de todas as regiões do Brasil, com resultados impressionantes.

Trabalhamos com o Ricardo a identificação de um objetivo maior, que chamamos de propósito massivo transformador (PMT), e acabou se tornando um slogan ambicioso, aspiracional e motivacional, tendo o Ricardo como porta-voz desse empoderamento, pois ele próprio também se transformou a partir dos conceitos que apresentamos aqui.

Os resultados mostraram que estávamos no caminho certo. Um número crescente de profissionais que vendem todos os meses e faturam altas comissões assistiu a desafios, aulas, lives, até reality shows lançados desde 2020.

Há um alerta nesse material de que os resultados podem variar de pessoa para pessoa, dependendo da força de vontade de cada um. A aluna Jamile Scussiato que o diga. Formada em Direito, é corretora de imóveis credenciada desde 2008 por opção e paixão. Além de gostar de vender, via nessa atividade muitas oportunidades financeiras. Mesmo assim, estava vendendo aquém do patamar que poderia alcançar.

"Quando fiz o método, percebi que havia metas mais ousadas – e que eu poderia atingi-las. Tem muita gente incentivando nas redes sociais que 'você pode, você consegue', mas falta mostrar vivência", disse a catarinense do município de Chapecó.

A partir de ferramentas práticas, Jamile recebeu aquele empurrãozinho para chegar à meta de 20 milhões de reais em vendas (VGV – valor geral de vendas) em 2021. A aluna mentalizou esse número, colocou na cabeça tornar o objetivo possível e conseguiu em um ano de trabalho. Fez uma mudança de *modelo mental*, considerando que no ano anterior havia conseguido vender 12 milhões de reais em imóveis e pensava ser dificílimo subir para 15 milhões.

A corretora aprendeu a ter constância no atendimento aos clientes, não deixando nenhum no funil de vendas e olhando a longo prazo. "De nada adianta ganhar conhecimento em um curso e depois deixar na gaveta. Com organização, foco, disciplina e força de vontade, você chega lá. Vender é treino, mas você precisa se sentir capaz. Se eu 'comprar', 'vestir' a ideia que estou tendo, sabendo que vou atingir o objetivo por mim mesma, ninguém vai me segurar."

Vender é uma arte treinável, e a pessoa que estiver confiante para captar e fidelizar clientes, olhar nos olhos, aumentar os conhecimentos, planejar a sua estratégia, vai faturar múltiplos dígitos e elevar o nível da profissão. Foi assim com a Jamile, com tantas outras pessoas que o Ricardo treinou, com minhas alunas, e poderá ser com você também.

Pense grande e comece pequeno. Faça testes, aprenda sobre os seus clientes e, antes de acelerar, tenha **certeza** de que está na direção certa.

MARKETING: O QUE VOCÊ PRECISA SABER SOBRE "TIVE UMA IDEIA"

CAPÍTULO 6

Um dos nomes mais conhecidos do marketing no mundo é Philip Kotler, que lançou, na década de 1960, seu livro *Administração de marketing.*[57] O tema era pouco conhecido, porém ele já comentava qual tarefa teria o empreendedor: "a maioria das empresas é fundada por indivíduos perspicazes. Eles percebem uma oportunidade e saem batendo de porta em porta a fim de chamar a atenção para seu produto".

Kotler é autor dos famosos 4 Ps do marketing – produto, preço, praça e promoção – e, embora eles tenham sido criados em um mundo off-line, permanecem importantes para a construção de uma estratégia de marketing para o mundo real. Não são suficientes, no entanto, para tirar o seu negócio do campo das commodities em um ambiente com tantos ruídos.

Ao longo deste capítulo, vou mostrar a você como extrair o que há de melhor nos 4 Ps de Kotler, acrescentando os elementos do universo digital para que você consiga transformar a sua ideia em algo real, rentável e gastando pouco com publicidade.

As pessoas geralmente reduzem o marketing a ações voltadas para a comunicação – esse é o primeiro paradigma que eu preciso

---

57 KOTLER, P. **Administração de marketing**. 10. ed. São Paulo: Prentice Hall, 2000. p. 25.

desconstruir com você antes de avançarmos. Marketing não é ter um Instagram bonito. É muito mais que isso.

» **É uma maneira de entender necessidades ao redor e de construir propostas que agregam valor para as pessoas e capturam valor para a empresa. Ou seja, entendo o que o meu cliente precisa e desenvolvo um produto ou serviço que o atenda. Temos um match (combinação, em inglês) quando a minha oferta se encaixa perfeitamente na demanda do potencial cliente.**

» **É uma solução para um problema real associado à capacidade de contar essa história e se conectar com as pessoas. É por isso que o mercado atual insiste tanto para os empreendedores descobrirem qual é a "dor" e o perfil do seu consumidor-alvo.**

Hora de parar de achar que, só porque tem uma ideia brilhante e disposição para divulgar, você verá um mar de oportunidades abrindo-se à sua frente. Comece a praticar os dez passos (ou mandamentos) que apresento a seguir e torne mais real e palpável o seu caminho a trilhar.

PASSO 1: APAIXONE-SE PELOS PROBLEMAS

O psiquiatra e palestrante Roberto Shinyashiki, em seu livro *Problemas? Oba!*,[58] aborda essa paixão e garante que existem grandes oportunidades naquilo que muita gente considera problema. Ele incentiva a parar de reclamar e a observar mais as pessoas para perceber o que lhes causa dor emocional, prestando atenção à latência desse incômodo.

---

58 SHINYASHIKI, R. **Problemas? Oba!** São Paulo: Gente, 2011.

Quanto mais latente é a dor causada por um problema, mais o cliente está disposto a pagar pela solução. E aí podemos inventar algo que descomplique, alivie, facilite a vida dele.

Por isso, o primeiro passo do nosso plano de marketing é se apaixonar pelos problemas. Para quem olha os problemas como oportunidades, boas oportunidades vão surgir de onde menos se espera.

Vou dar um exemplo. Certa vez, chegando em casa, observei pessoas brigando na quadra de areia do condomínio. Curiosa, perguntei ao Hugo por que aquilo estava acontecendo. Ele me disse: "São as turmas do *beach tennis* e do futevôlei discutindo". (É incrível como as pessoas tendem a não responder diretamente o que perguntamos, e é aí que vem a beleza da técnica dos cinco porquês...)

Após investigar a situação com vários "por quê?", entendi que o problema tinha relação com a demora para ajustar a altura da rede, que é bem diferente entre esses dois esportes. Essa troca levava pelo menos meia hora sem jogo, o que não era nada divertido para nenhum dos grupos.

Hugo teve a ideia de criar um dispositivo bem simples para agilizar a regulagem de altura da rede. Fez um protótipo usando trilhos de portão, rodinhas, roldanas, cordas e manivelas e testou em uma quadra de areia que tínhamos na fazenda.

Foram necessários pequenos ajustes, e então ele experimentou colocar a sua invenção na quadra do condomínio. Imediatamente quem antes brigava pela regulagem da rede enxergou valor naquilo. Os trinta minutos que a turma levava para desamarrar, medir e amarrar a rede se transformaram em trinta segundos, demandando o movimento de girar uma manivela, executado por apenas uma pessoa.

No instante em que viu o protótipo, o administrador disse "eu quero", e daí nasceu a Fast Sport, empresa que começou de maneira despretensiosa e teve um objetivo único: resolver o problema real das pessoas na quadra. A invenção foi patenteada, e hoje, sem propaganda, fatura entre 30 e 40 mil reais mensais, com a venda de unidades pela internet e pelas redes sociais para todo o Brasil.

Para olhos empreendedores, problema é igual a oportunidade. E não precisa complicar. Inovação pode e deve ser simples.

Se você conseguir uma melhoria de performance em um produto ou serviço, usando por vezes coisas existentes, dará um salto para resolver problemas que muitas pessoas pagariam para resolver.

No fim de 2021, quando me mudei de uma casa para um apartamento, precisei me desfazer de alguns móveis. Buscava um canal de vendas que trabalhasse com móveis assinados por designers. Anunciar nas plataformas mais conhecidas não surtiu efeito, uma vez que poucas pessoas reconhecem valor em peças assinadas.

Trocando ideias com uma amiga corretora de imóveis, fiquei sabendo que havia uma dupla de mulheres fazendo essa curadoria em minha cidade. Elas avaliavam o mobiliário e anunciavam ao seu público-alvo nas redes sociais. A negociação e os preços eram justos, e as empreendedoras resolveram dois problemas: o meu, de vender os móveis, e o de quem queria comprar móveis usados de excelente qualidade. Passei a divulgar e recomendar o trabalho delas, como a minha amiga tinha feito ao me indicar o trabalho delas.

PASSO 2: NÃO SE APEGUE À SUA IDEIA

Muitos empreendedores partem da solução quando, na verdade, deveriam partir do problema. Por exemplo, dizem "Eu tive a ideia de fazer um aplicativo genial para que possamos dividir a conta no bar sem precisar ficar fazendo conta", e acham que precisam de rios de dinheiro para desenvolver a solução.

Quanto mais latente é a dor causada por um problema, mais o cliente está disposto a pagar pela solução. E aí podemos inventar algo que descomplique, alivie, facilite a vida dele.

@christaveira

Além disso, acreditam que com um simples PowerPoint conseguirão investimento para sua ideia "milionária". Sinto informar, mas a sua ideia não vale nada se não resolver um problema. E terá valor dependendo também da sua capacidade de executá-la. Por isso, antes de gastar tempo, energia e recursos financeiros no seu projeto, vale perguntar:

» **Quais as evidências de que isso é, de fato, um problema?**
» **Você ou um grupo de pessoas sentem falta dessa solução?**
» **Como as pessoas lidam com esse problema atualmente para que possa melhorar?**
» **Como você pode testar a sua hipótese gastando o mínimo de dinheiro possível?**

Marketing é produto e produto é marketing. Inicialmente, o seu produto vai se confundir com a sua marca. Então, crie algo útil e que se conecte com as pessoas, ou nadará em um oceano de muita concorrência e de margens apertadas. Vai ser difícil respirar.

Conhecer as suas ambições e o seu ponto de destino é vital para você filtrar os problemas que quer resolver.

A sua ideia não tem de ser a mais genial do planeta – e certamente alguém, em algum lugar do mundo, já está fazendo algo, se não igual, muito parecido. E, se você ainda não encontrou esses concorrentes, é sinal de que está deixando a desejar em termos de visibilidade; prova disso é que seu produto e sua marca nem sequer aparecem na busca do Google.

Outro ponto importante: a sua ideia precisa estar alinhada à sua visão de mundo e às suas aspirações. No caso das redes poliesportivas, o sonho grande do empreendedor que as criou era lucrar 50 mil reais por mês. Esse negócio fazia sentido para o Hugo, dado o esforço que ele estava disposto a colocar e o tamanho desse mercado no Brasil.

Cuidado com o ego! Pode atrapalhar você a enxergar as coisas com clareza e mantê-la apegada à sua ideia. Antes da fase "Ah, eu

tive uma ideia que é diferente e que ninguém teve", pense: *Espere aí, por que ninguém pensou nisso?* Nós nos deparamos com pequenos problemas o tempo todo, só precisamos estar atentas para perguntar "por quê?", a fim de entender se aquilo traz uma real oportunidade ou se é só uma armadilha.

Fique atenta e exercite sua mente para captar as boas oportunidades e encontrar soluções. Você verá que não tem de ser sempre complexo: pode ser uma rede de futevôlei ou um Instagram para vender móveis usados.

PASSO 3: COMECE POR VOCÊ!

Em relação a desenvolvimento de produto, os gurus de marketing dizem que em primeiro lugar é preciso olhar para o público-alvo. Eu penso o oposto e quero dizer para, em primeiro lugar, olhar para si mesma... para as suas dificuldades, para os seus problemas, para aquilo que realmente a aflige. Ao conseguir criar uma solução que gere valor para a sua vida, é possível se conectar com outras pessoas que estão sofrendo por causa da mesma situação.

Não é segredo para ninguém por que o colombiano David Vélez, *founder* e CEO do Nubank, decidiu criar esse banco.[59] Quando chegou ao Brasil, quis abrir uma conta bancária e viu que o processo era muito burocrático. Ele percebeu uma oportunidade diante da própria dificuldade de abrir uma conta, passando a idealizar um banco que simplificasse a vida financeira das pessoas, com transparência e segurança, conforme explica a apresentação virtual do Nubank.[60]

---

[59] DAVID Vélez. *In*: WIKIPÉDIA. Disponível em: https://pt.wikipedia.org/w/index.php?title=David_V%C3%A9lez&oldid=63031103. Acesso em: 23 jul. 2022.

[60] SOBRE nós. Nubank. Disponível em: https://nubank.com.br/sobre-nos. Acesso em: 6 jul. 2022.

Juntou-se a uma brasileira e a um americano para iniciar, em 2013, uma startup de serviços financeiros, prometendo o fim da complexidade e das tarifas. Esse jeito NU de fazer as coisas, portanto, surgiu do inconformismo de um estrangeiro que pensou que, assim como ele, muitas pessoas teriam o mesmo problema. Mais precisamente, mais de 48 milhões[61] de clientes no Brasil, no México e na Colômbia.

O primeiro passo foi ofertar um cartão de crédito, sem tarifas e acessível por meio de um programa de recomendação e de um atendimento UAU, que se tornou parte da identidade do Nubank. Foi apenas o primeiro degrau (o plano de curto prazo) de uma visão de longo prazo – um banco de espírito jovem e inovador que desenvolve soluções simples, seguras e digitais para a vida financeira de seus clientes.[62]

Como eu disse, é um processo que tem mais a ver com ficar atenta aos problemas e fazer amarrações, costurar suas competências e informações de mercado, para criar negócios. É necessário olhar o seu entorno para descobrir como intervir na realidade e transformar algo para melhor.

PASSO 4: FAÇA DOS SEUS CONCORRENTES SEUS MELHORES ALIADOS

Uma crença que bloqueia os empreendedores é a de que: "Não vou fazer isso porque tem muita gente no mercado fazendo". Se você for apenas copiar o que eles estão fazendo, realmente vai

---

61 MENEGHETTI, L. Nubank estreia na bolsa e se torna banco mais valioso da América Latina. **Veja**, 9 dez. 2021. Disponível em: https://veja.abril.com.br/economia/nubank-estreia-ipo-e-se-torna-banco-mais-valioso-da-america-latina. Acesso em: 10 jan. 2022.

62 CIECELSKI, L. Nubank (NUBR33): veja quando o banco divulga resultados. **Poupar Dinheiro**, 13 jul. 2022. Disponível em: https://www.poupardinheiro.com.br/nubank-nubr33-veja-quando-o-banco-divulga-resultados. Acesso em: 15 jul. 2022.

ser mais um. Mas já pensou que talvez seus concorrentes não estejam fazendo algo tão bem? A oportunidade pode estar aí. E tem mais: quanto maior for a empresa de seu concorrente, maior a dificuldade de se movimentar.

Ao olhar para problemas que mesmo os grandes *players* não resolvem, você tem boas chances de progredir; como nos casos do Nubank e do Airbnb. Saber que esse negócio de locar uma casa ou um cômodo compete para ser a maior rede hoteleira do mundo sem ter comprado uma cama mexe com a nossa mente. É algo que nos faz questionar: "Como assim?".

Os fundadores tiraram o foco da necessidade de recursos aplicados em infraestrutura (construir prédios, mobiliar quartos etc.) para investir na necessidade das pessoas. De um lado, há anfitriões capazes de oferecer acomodações e experiências únicas com benefícios (como fazer novas amizades e ter renda extra); de outro, hóspedes a fim de vivenciar o mundo de uma maneira mais autêntica (isso inclui ser agradável e financeiramente acessível).

No caso do Burger King, quando começamos a elaborar o planejamento estratégico em 2015, tivemos concorrentes nossos como referência. Então pesquisamos exaustivamente sobre o negócio e sobre o mercado. Verificamos faturamento, se havia sazonalidade de vendas, horários de pico, precificação, portfólio, contratação etc. Nós nos propusemos a responder a uma infinidade de perguntas, inclusive conversando com pessoas que fizeram parte do mercado e que trilharam o caminho que queríamos percorrer. As informações coletadas nos ajudaram a ter um panorama geral dos desafios que enfrentaríamos e dos números que cabiam na planilha – falaremos mais sobre isso no próximo capítulo.

Analisamos bastante a concorrência para criar qualquer projeto na Rocket, compreender os números, adequar nossas metas, entender sobre contratação e recursos humanos. Mais importante ainda foi partirmos para resolver problemas que nossos concorrentes não estavam atacando. Assim, criamos nossa identidade e nossos diferenciais.

As redes sociais também são um prato cheio para você realizar essa investigação. Observe os comentários das pessoas e os posts que estão engajando mais; sobre o que estão reclamando e o que estão elogiando. Não desperdice seu tempo falando mal do concorrente. Olhe para ele com cuidado e busque pelos gaps que ele não está conseguindo atender. Daí, você se posiciona nesse lugar, sendo a melhor solução para aquele problema pontual que ele não conseguiu resolver.

Quero fazer um parêntese para outro aliado muito interessante nesse processo: os potenciais fornecedores. Converse, crie relacionamento, investigue soluções e tenha mente aberta e bom senso apurado para aprender com eles a fazer melhor.

PASSO 5: APOSTE EM UM MIX DE PRODUTOS

Inicialmente, tendemos a empreender com um produto só: aquele que começamos a vender e que se torna a nossa marca. A operação tende a nos consumir de uma maneira tão intensa que não pensamos em desenvolver um portfólio, mas deveríamos.

Como justificativa, conquistar um cliente novo é muito mais caro que vender algo mais para quem já está comprando. Então, uma vez que você já definiu os seus principais produtos, pergunte-se ainda sobre como agregar valor à sua oferta induzindo o cliente já conquistado a aumentar o gasto dele (ou ticket médio). Vou explicar.

No Burger King, quando nosso atendente oferecia uma sobremesa ou bebida especial para acompanhar o sanduíche, usava

Para olhos empreendedores, problema é igual a oportunidade. E não precisa complicar. **Inovação** pode e deve ser simples.

o raciocínio de que a empresa havia gastado muito para trazer aquele cliente até nós, então ele teria a obrigação de tentar vender algo a mais para ajudar a subir o ticket médio e, consequentemente, o faturamento.

Se você é especialista em artesanato e vende bolsas feitas à mão, por exemplo, quais são os acessórios com que pode trabalhar para aumentar o seu ganho?

PASSO 6: EMBALE A SUA IDEIA COM HISTÓRIAS

Ok. Você entendeu quais são os seus valores, identificou um problema que quer resolver, imprimiu sua identidade, investigou o assunto, pesquisou os concorrentes. Agora você tem um norte do que pode se tornar o seu negócio. Antes de partir para a ação, é preciso ainda aprender a contar essa história para que você não precise gastar rios de dinheiro com publicidade.

Desde a época em que os nossos ancestrais se reuniam ao redor de fogueiras, as histórias têm poder de despertar a curiosidade e provocar conexão. É exatamente isto que é buscado nesta etapa: a atenção das pessoas e um elo de conexão e pertencimento delas com o produto/a marca que você está desenvolvendo.

Simon Sinek, autor do livro *Comece pelo porquê*[63] e palestrante de um dos TEDx[64] mais assistidos no mundo, é enfático ao mostrar a importância de falar sobre a essência do seu negócio, tirando o foco do produto ou do serviço e o colocando nos pontos de contato entre a marca e as pessoas.

---

[63] SINEK, S. **Comece pelo porquê**. Rio de Janeiro: Sextante, 2018.

[64] SINEK, S. How great leaders inspire action. **TED**, 16 set. 2009. Disponível em: https://www.ted.com/talks/simon_sinek_how_great_leaders_inspire_action. Acesso em: 6 jul. 2022.

Qual história você quer contar? Por que o seu produto/serviço é importante para você? Por que ele é importante para seus potenciais clientes? O que diferencia os seus produtos?

Lembre-se de que a história que você vai contar precisa gerar conexão. Cuidado para não cair na máxima do "eu isso, eu aquilo...", pois no final das contas não tem nada a ver com o que você, mas com as pessoas que você consegue ajudar a partir da sua visão de mundo e das suas experiências.

Perceba que colocar sua energia nesta etapa vai lhe poupar alocar uma infinidade de recursos sem objetivo. Dedique-se ao planejamento e só comece a executá-lo depois de conseguir mitigar as suas incertezas e os seus riscos, e ter boas histórias para contar dessa empreitada.

Será o momento certo de você testar o conceito por trás dessas histórias originais, conversando com o maior número possível de pessoas para validar e ajustar a mensagem com seu plano. Se, por exemplo, você quer vender afeto com os doces que fabrica, precisa ter um plano coerente para o seu negócio com esse sentimento, incluindo a embalagem, o nome dos produtos, as cores da marca etc.

PASSO 7: ESPALHE A SUA IDEIA

A melhor maneira de começar um negócio com fila na porta é cocriando as soluções com seus potenciais clientes. Muitas vezes, a pessoa se apega tanto à ideia que não quer dividi-la com ninguém, com medo de alguém roubá-la. Daí, o projeto fracassa, e a pessoa descobre que conversou pouco ou com quase ninguém a respeito dele.

Vou contar uma coisa: as pessoas estão superocupadas para ficarem ligadas na sua ideia ou no que você está fazendo. Então, quanto mais você conversar com as pessoas sobre a sua ideia, pedindo a elas que desconstruam o que você pensou, mais conseguirá reparar nos pontos cegos e colocar no papel tudo que prevê que acontecerá.

Melhor ainda é começar a se comunicar antes de ter o seu produto pronto. Mostre o que está fazendo ao máximo de pessoas possível. De preferência, monte a sua rede social principal e apresente o produto primeiro no universo digital, pois você terá pistas de como aprimorá-lo.

Mais um conselho: não fique só na empatia – investigue o problema, estando *in loco* com as pessoas e conversando com elas. "Eu acho" é um inimigo poderoso do seu negócio. Elimine os achismos gastando sola de sapato para conversar com todas as pessoas que possam trazer insights para o seu projeto. Deixe que as pessoas digam a você quais as dificuldades, os medos e os anseios delas. Pesquisa é o poder!

O passo seguinte da pesquisa é receber e filtrar os comentários. Muita gente vai querer derrubar a sua ideia. Eu me lembro de ter comentado com alguém que tínhamos a meta de vender 1 milhão de inscrições para determinado curso, e de ouvir que eu estava "viajando". Não só batemos a meta como também a superamos, vendendo 1,102 milhão.

Além de aterrissar a ideia e trabalhar nela um pouquinho todos os dias, dando um passo de cada vez, pedimos muita ajuda. Por exemplo, eu participo de alguns grupos de *mastermind* para me envolver com outros empreendedores que me ajudam a perceber o que posso não estar enxergando.

Embora, assim como eu, todos trabalhem com marketing digital, não rivalizamos com o outro. Pelo contrário, expomos os nossos problemas e dividimos as soluções que encontramos, e assim nos ajudamos mutuamente. Trabalhamos em prol da nossa área, fomentando na sociedade a cultura de comprar cursos e treinamentos pela internet. É bom para todo mundo.

Você pode começar a estruturar grupos com pessoas que estão empreendendo perto de você. Daí, lançar perguntas como estas:

> **Topam ter uma agenda de encontros quinzenais ou mensais para discutirmos boas práticas nos nossos negócios?**
> **Vamos partilhar o que estamos fazendo e está funcionando, o que não vai bem e como podemos melhorar?**

Esses grupos de discussão têm assunto para um ano inteiro, geralmente. Acabamos nos tornando amigos e colaborando como uma família. Quanto mais relacionamentos desse tipo criamos, mais disponibilidade as pessoas têm de ajudar. Não é no primeiro encontro que as coisas vão se desdobrar. É preciso ter paciência para tecer relações, fazer pontes, criar vínculos duradouros e frutíferos.

Isso fala muito de perto com a estratégia de se envolver com as pessoas certas, que podem colaborar para o seu sucesso, no sentido de aconselhar e de mostrar alguns caminhos interessantes. E quem alega não ter coragem de pedir ajuda, de convidar profissionais guerreiros para trocar ideias, precisa trabalhar a autoestima para vencer essa barreira.

Não devemos sentir vergonha de pedir ajuda e nem de querer crescer.

PASSO 8: CRIE EXPERIÊNCIAS

Para o seu produto não ser só mais um, ele tem que provocar alguma emoção no consumidor. Senão vai para o campo das commodities – é quando você compete apenas por preço, não tendo um algo a mais, um diferencial em relação aos demais. Resultado: o cliente vai sempre ficar pedindo desconto em cima do que você está ofertando, porque ele não enxerga valor.

O objetivo por trás do seu projeto e a história que você vai contar são elementos fundamentais para fugir do comum e criar experiências extraordinárias.

Você já ouviu falar da casa flutuante Altar,[65] do visionário Facundo Guerra? O empresário conhecido na noite paulistana foi para o interior e colocou essa ideia em prática em uma represa a duas horas da capital de São Paulo. Atento ao espírito do tempo, à tendência das *time houses*, de construções minimalista e do contexto pandêmico/apocalíptico, Facundo criou um refúgio isolado para as pessoas se desconectarem do celular e comungarem consigo mesmas, com quem amam e com a natureza ao redor. A própria história deu origem ao nome do empreendimento: Altar.

Ele não escondeu a ideia. Compartilhou em seu perfil pessoal do Instagram, e a repercussão foi espetacular. Não era apenas ele quem precisava de refúgio. Muitas pessoas deram sinal verde para avançar com essa invenção que se transformou em um *case* do Airbnb no Brasil e está em ritmo de expansão.

Facundo investiu muito tempo planejando e entendendo as nuances do negócio antes de avançar. Ele costuma dizer que saiu do mercado da hospitalidade para trabalhar com saúde mental. Facundo não concorre com hotéis, criou (a partir de suas referências) algo único e autoral que elevou o preço da diária para mais de mil reais, e o Altar está sempre locado, com lista de espera para quase um ano.

Já a rede europeia de sorveterias chamada Amorino[66] possui um diferencial marcante: os sorvetes artesanais são servidos em formato de rosa. Visitei um dos pontos durante uma viagem que fiz à

---

65 SALEM, A. Facundo Guerra cria casa autossuficiente na represa de Piracaia. **Harper's Bazaar Brasil**, 8 mar. 2020. Disponível em: https://harpersbazaar.uol.com.br/bazaar-green/facundo-guerra-cria-casa-autossuficiente-na-represa-de-piracaia. Acesso em: 6 jul. 2022.

66 Amorino é uma cadeia multinacional francesa de boutiques de sorvete fundada em 2002 pelos italianos Cristiano Sereni e Paolo Benassi. Para saber mais, acesse: https://www.amorino.com/pt-pt.

Espanha, atraída pela fila na calçada. O atendente montava pétalas de rosa sobre a casquinha e entregava o sorvete como se oferecesse uma flor. Na mesma hora tirei uma foto e postei no meu perfil do Instagram elogiando a empresa, que está presente em vários países.

A menos que você tenha uma fortuna para gastar em publicidade e entrar na guerra de preço, o seu negócio precisa de um diferencial. E o dos sorvetes artesanais foi contar uma história de amor, oferecendo aos clientes um gesto de carinho em meio a um dia barulhento.

Isso é criar uma narrativa fora do padrão. Lembre-se de que o conceito que você desejar passar vai se desdobrar em tudo que fará – desde o jeitão das suas redes sociais até a fachada da sua loja. Você já pensou em usar seu produto para proporcionar uma experiência que faça seu público-alvo reagir com "uau" e queira compartilhar na rede virtual dele? Você ganhará diversos seguidores com propaganda espontânea e gratuita!

Experiência tem a ver com percepção, com o estímulo sensorial. É cheiro, é o que eu vejo, é o que eu ouço... Está nos pequenos cuidados, como o de escolher uma trilha sonora capaz de transportar o cliente para outra dimensão. Também tem a ver com atendimento e, portanto, com as pessoas que trabalham com você. Então como você vai cuidar e orientar essas pessoas nesse sentido?

A pergunta é: qual experiência você pode oferecer com o que está vendendo a ponto de fazer o seu cliente se sentir especial?

Pense nisso antes de abrir seu negócio. E que tal promover uma boa experiência com seu projeto arquitetônico, especialmente se for um negócio físico? Com a história que você quer contar pode ser que consiga otimizar dinheiro na obra. Acompanhe a história que vou contar a seguir.

Conheci um bar no centro de Goiânia, cuja empreendedora queria resgatar a história da cidade. Ela, então, manteve a decoração do ambiente no estilo art decó. A piscina, em vez de ser coberta, foi esvaziada e recebeu mesas e cadeiras dentro dela, conferindo ao bar um ambiente inusitado. Assim, ela gastou pouco com a obra e conseguiu preservar a história da cidade, fazendo o seu bar se tornar referência turística. Conseguiu criar algo único, com alto valor percebido pelas pessoas que gostam de arte e cultura. Alguém tem dúvida de que a piscina está sempre cheia de gente?

Quanto menos recursos nós temos, mais criativos precisamos ser.

Quando criamos experiências, deixamos de trabalhar com commodities e podemos cobrar o preço que realmente vale, e não o que o mercado impõe. Um produto criativo, com preço justo, vendido em uma loja legal e com uma boa comunicação não é mais suficiente, principalmente para empreendedores que não têm muitos recursos.

Para se diferenciar, você precisa criar experiências tão singulares que as pessoas queiram compartilhar, advogar e fazer propaganda para você nos grupos familiares e nas redes sociais.

PASSO 9: COMUNICAR É PRECISO, MAS SE RELACIONAR A LEVARÁ PARA OUTRO NÍVEL

Se existe uma ferramenta tão poderosa de comunicação como é a internet, por que não a explorar ao máximo? Porque há pessoas que ainda falam que é difícil. Antigamente, quem quisesse comunicar o seu produto precisava recorrer a uma agência de propaganda, montar plano de mídia, gastar muito com anúncios em revistas, jornais, TV... sem conseguir medir imediatamente o impacto do investimento.

Hoje, ninguém é mais refém dos grupos de comunicação.

Por telefone, aplicativos, sites, redes sociais e podcasts, por exemplo, você consegue não só se comunicar como também se relacionar com os seus potenciais clientes, municiando-se de informações para criar experiências, produtos e serviços únicos.

Imagine que você está em uma balada e pede a alguém que vá conversar com o seu *crush* no seu lugar, pois você não sabe o que dizer para ele. É isso que acontece quando empreendedores delegam a terceiros o gerenciamento de suas redes sociais, que são ambientes de socialização e relacionamento. Pode acontecer de contratar a criação de uma infinidade de artes e mensagens desconexas que não transmitirão autenticidade e não terão alma, levando você a construir um castelo de areia.

Aproveite o incrível veículo de comunicação que você tem nas mãos e transforme-o em uma ferramenta de fazer dinheiro.

Muita gente acha que TikTok, por exemplo, só tem dancinha e porcaria. Na Rocket, nós discordamos disso, uma vez que um dos nossos principais projetos ganhou visibilidade e tração por meio dessa rede social focada em vídeos curtos. Usamos trends de outros mercados adaptadas ao mercado imobiliário, trazendo bom humor, conexão com as pessoas e ganhos expressivos na percepção de valor da nossa marca.

Ter ideias é complicado em tempos de internet? Não mesmo. Mas é preciso se despir dos medos e preconceitos para encarar a internet como um veículo de comunicação e um poderoso canal de venda.

Não delegue ou "de*largue*" as suas redes sociais. Interagir com as pessoas é o que vai lhe trazer oxigênio para formar uma comunidade de pessoas engajadas com você.

PASSO 10: ENTRE NO JOGO PARA GANHAR

Depois de fazer toda essa tarefa de casa e cumprir esse passo a passo para estruturar o seu planejamento de marketing, vamos aterrissar esse projeto a partir dos números que eles podem gerar para você e falaremos muito sobre esse a$$unto no próximo capítulo.

Mas, antes, recomendo que você revisite o projeto que está desenhando até aqui e calibre a sua energia para o "modo vencer". Cuidado com as palavras que você usa!

Mais do que nunca, você não entrará para batalhar, precisa entrar para ganhar! Todas as vezes que repetir para si mesma que é uma guerreira, vai reforçar ao seu cérebro que está ali só para lutar. Todas as vezes que disser que quer trabalhar muito, é só trabalho que vai receber. Entre no jogo com o objetivo de vencer!

Não é questão de *se* vai conseguir, é o que você *precisará fazer* para conseguir aquilo que quer e com quem poderá cocriar. Sem medo de se arriscar para ganhar mais. Chega de titubear enchendo-se de dúvidas! Vá pensando em como fazer acontecer e tente, teste, aprenda, enriqueça.

Apenas tome cuidado para não reduzir essa estratégia sendo apenas um otimista. Não é disso que estou falando. Muito pelo contrário. Quando a gente entra para ganhar, tem que estar consciente de todos os problemas. Ter os pés no chão para traçar os pontos de alerta a fim de não ser engolida pelos concorrentes. Ouça o mercado para entender o que ele está sinalizando e vá ajustando a sua rota, porque o sucesso nunca é uma linha reta. Está mais para uma pista de montanha-russa, com elevações e descidas de tirar o fôlego, mas é aí que está a diversão.

CASE LE SCARPIN

"A gente tem aquela ilusão de que as coisas acontecem da noite para o dia, só que não é assim; posso garantir porque a Le Scarpin é o meu décimo segundo negócio, mas nós não podemos ter medo de errar", me disse Vanessa Rouvier, fundadora da primeira marca especializada em *scarpins* do mundo, um ícone feminino. A origem do nome desse calçado vem do diminutivo de sapato em italiano, *scarpino*, mas o negócio que essa mulher empoderada, protagonista da própria vida, está construindo é grandioso.

Apaixonada desde os 16 anos por tirar ideias do papel e concretizar sonhos, Vanessa estudou Comunicação e Contabilidade e fez MBA em Gestão de Negócios e Marketing pela Fundação Getulio Vargas (FGV). Atuou nas áreas de varejo, marketing digital, startups e investimento anjo. Essas e outras experiências proporcionaram grande aprendizado para que tivesse sucesso no mercado da moda, entendendo que deveria aliar conforto e design para atender a mulher atual, que tem seu dia em cima do salto.

Essa empreendedora conecta pessoas, marcas e recursos, dedicando tempo à promoção do empreendedorismo feminino e particularmente à Le Scarpin, marca 100% brasileira criada em 2017 e que não para de crescer vendendo sob demanda e com edições limitadas. Ao definir trabalhar dessa maneira, não gera estoque nem desperdícios e, principalmente, prioriza suas clientes e seus artesãos (são cerca de trinta famílias beneficiadas, lucrando junto com a Vanessa).

Seu laboratório para esse negócio foi a Shoes2Inspire, página nas redes sociais focada em calçados. Com a repercussão, e aproveitando a evolução do mercado digital, adotou uma postura de startup no mercado da moda, testando e validando cada etapa e criando uma estrutura bem enxuta. Com o conceito de vender on-line um produto físico, ela definiu a Le Scarpin como uma marca vertical de luxo. É verticalizada por centralizar sua cadeia de produção, desde a confecção da matéria-prima (só não produzem o couro) até a distribuição dos produtos, garantindo qualidade como grande diferencial.

"Na liderança de uma marca *'phigital'*, presente em nossos canais de venda virtuais e em lojas físicas multimarcas, eu me sinto desafiada pelas constantes mudanças no mercado on-line e futuro do varejo. Sou apaixonada por tecnologia e, como boa aquariana, tenho a cabeça sempre anos à frente. Uma pergunta que precisamos fazer é: como as marcas podem atuar no digital para atrair, fidelizar clientes e vender cada vez mais?"

Vanessa almeja exportar e conquistar os pés das mulheres em todo o mundo, permitindo que exerçam suas facetas em cima de um salto de conforto fantástico. Foi com essa energia que ela passou a partilhar seus sonhos e conhecimentos como vice-presidente regional da Associação dos Dirigentes de Vendas e Marketing de Santa Catarina (ADVB-SC) e voluntária da Rede Mulher Empreendedora (RME), participando também de grupos de empreendedorismo no universo das startups. O seu propósito de transformar a marca em uma comunidade de mulheres que querem se conectar com seu poder e se tornarem protagonistas dos seus passos está caminhando muito bem.

Conhecer as suas ambições e o seu ponto de destino é vital para você **filtrar os problemas** que quer resolver.

MATEMÁTICA: ATERRISSANDO O SONHO

CAPÍTULO 7

"Ou vocês fazem alguma coisa, ou eu vou fazer." Essa frase virou a minha vida de ponta-cabeça. Foi com essas palavras ecoando na cabeça que o Hugo e eu saímos de uma reunião com o nosso sócio e presidente do Grupo Burger King Centro-Sul. Ele questionava os nossos resultados e a nossa falta de capacidade de gerar caixa para a empresa – e, se não fizéssemos "alguma coisa", estaríamos fora, conforme contei no final do capítulo 4.

Era como se todo o trabalho duro estivesse indo pelo ralo. A sensação de incompetência e de frustração gritava em meus ouvidos, mas ninguém entregaria os pontos. Junto com o Hugo, eu ia entender o que estava acontecendo para consertar a situação e conseguir gerar lucro. Só faltava saber *como*. E não, não acredito que exista um momento de iluminação que mude a chave da nossa vida e nem mantras para repetir que reverberem em uma transformação radical. Tampouco música inspiradora que nos transforme em uma figura imbatível, como no filme *Rocky*.

A reconstrução não acontece do dia para a noite. É um processo. No meu caso, depois dessa intimada "ou vai, ou racha", a única coisa de que eu sabia era que precisava de ajuda para corrigir a rota, já que os meus esforços estavam me levando para a direção errada. Sou apaixonada por esportes radicais, e uma das coisas que aprendemos é que não podemos nos desesperar, senão paramos de pensar.

Em um afogamento, por exemplo, o ímpeto é de tentar salvar quem está se afogando. Se desconhecemos as técnicas de salvamento, no entanto, encontraremos uma vítima desesperada que vai se agarrar ao nosso pescoço e nos levar junto para o fundo. Para não acabar em afogamento duplo, recomenda-se manter a calma e buscar ajuda especializada.

Quando você está empreendendo e corre o risco de perder tudo que está construindo, o fundo do poço passa a ser um lugar bem conhecido. Para não se fazer de vítima, saiba que é possível olhar para cima e sair de qualquer buraco conhecendo o terceiro passo do meu **Método Mai$**. É um mecanismo único que chamo de **Mai$ Lucro**. Ele vai fazer você enxergar as contas, antes mesmo de começar o seu negócio, ajudá-la a tomar decisões importantes, a fazer ajustes necessários e a avaliar o que é ou não viável de pôr em prática.

LIÇÕES DE QUEM ATERRISSOU DE UM SONHO QUE ACABOU MUITO BEM

Antes de entrar no **Mai$ Lucro**, quero destacar quatro marcos importantes daquele processo de reconstrução meu e de Hugo no grupo Burger King.

1. **Colocamos na cabeça que melhoraríamos os resultados e montamos um plano para engajar os colaboradores nessa meta.** No melhor estilo "barriga no balcão", passamos a operar junto com eles para conhecer melhor o time e retomar a confiança. Avisei que a minha sala, que antes mais parecia um muro das lamentações, deixaria de existir. Criamos a campanha Tropa de Elite Burger King e comunicamos a todos que

queríamos ser a melhor franquia do país em vendas e lucro operacional. Levamos os principais líderes para um treinamento alinhado às nossas aspirações, entregando um *book* de metas mensais, semanais e diárias.

2. **Para melhorarmos, pedimos ajuda aos outros franqueados do grupo que mais cresciam em vendas.** *Benchmarking* é o poder! Faz você deslanchar a uma velocidade infinitamente maior do que ficar batendo cabeça sozinha. Fomos para o Rio de Janeiro para entender como eles estavam crescendo mais que a média do grupo no Brasil e ouvir o que fazer para melhorarmos.

3. **Passamos a fazer o básico bem-feito e com mais agilidade.** Aprendi uma das maiores lições da minha vida: nem sempre o que falta para alavancar as vendas é propaganda. Ela pode ser um tiro no pé e um saco sem fundo quando você não faz o básico bem-feito. Em uma operação de fast-food, a primeira coisa que precisamos fazer é sermos *fast* – ou seja, rápidos. Se tem fila, as pessoas passam e não entram, não importa quantos outdoors você faça. Nos horários de pico de vendas, se você for lenta e não aproveitar o fluxo de pessoas, vai perder a oportunidade de vender mais por não dominar o seu processo produtivo.

Meu Deus! A resposta estava o tempo todo na nossa cara... Se quiséssemos vender mais, tínhamos que aumentar não a propaganda, mas, sim, a agilidade na nossa produção, para reduzir as filas ao máximo, principalmente nos horários de pico. Entendemos o contexto e corrigimos a nossa rota, liderando a equipe na direção do sentido de urgência, que passou a ser lei absoluta. Realocamos o dinheiro usado com propaganda para bonificar pelas metas batidas. Pela primeira vez, um dos principais indicadores era o tempo de produção.

4. **Pedimos ajuda à Burger King Corporation para saber como controlar melhor os nossos gastos.** A 3G Capital, controladora da marca na época, é conhecida no mundo todo por sua excelência operacional. Estavam implementando novos mecanismos de gestão, e fomos a São Paulo entender quais eram esses mecanismos e como aplicá-los nas nossas operações no Rio Grande do Sul.

Aprendemos sobre cultura organizacional, sobre gestão à vista, sobre comemorar as pequenas vitórias, sobre gamificar o processo, sobre indicadores de performance e, principalmente, sobre o lucro ter que vir para o primeiro plano. **Não se trata do que sobra, mas do quanto queremos ter em caixa. O lucro tem que ser intencional, e é a partir dele que todo o nosso sistema financeiro precisa ser programado.** *Boom! Reboot no sistema.*

Voltamos para Porto Alegre com a missão de nos tornarmos a melhor franquia brasileira em vendas e em lucro operacional. Cerca de um ano depois, conquistamos esse posto e, melhor ainda, a nossa performance ficou acima da média do grupo em todo o país. Foi a vez de os demais franqueados nos perguntarem "O que vocês estão fazendo para crescerem tanto?".

Apesar da tensão, quando agimos aprendemos muito mais. Nosso cérebro tem uma plasticidade e uma capacidade de aprender incríveis, e se não fizemos o certo é simplesmente porque não aprendemos a fazer. Podemos testar, aprender mais um pouco, testar novamente, aprender mais um pouco.

Os desafios não acabam. Eles mudam de proporção, como no videogame. Você vai passando de fase e encarando monstros mais poderosos e difíceis de matar. Mas, se for boa jogadora, sairá no lucro!

Os **desafios** não acabam. Eles mudam de proporção, como no videogame. Você vai passando de fase e encarando monstros mais poderosos e difíceis de matar. Mas, se for boa jogadora, sairá no lucro!

CUSTO É COMO UNHA, EMPRESA É COMO ÁRVORE

Lucro é o que faz a sua empresa ser viável, e não se engane: é a matemática do seu negócio que o tornará possível! Dominar essa área a faz avançar do campo do planejamento e do "se" (deixando de pensar *se eu pudesse ter isso, se fizesse aquilo e mais aquilo outro*) para começar a trabalhar com a realidade dos números e saber quais recursos precisará de fato para fazer acontecer.

Muitas pessoas começam a empreender cheias de vontade e ideias, mas pouco olham para o lado financeiro do negócio. Chega a ser engraçado. **Se queremos tanto ganhar dinheiro, por que pensamos tão pouco nele e saímos fazendo produtos e alugando ponto de venda?** E por que passamos mais tempo nos preocupando em divulgação do que em entregar uma experiência incrível?

Nessa altura do campeonato, e depois de ter passado pelo capítulo 6, você já entendeu a real importância de ter um bom plano de marketing para mitigar riscos. A partir de agora, vamos discorrer sobre como lucrar, de fato, fazendo acontecer.

Pode ser que, neste momento, você esteja enfrentando um nível de emergência financeira a ponto de precisar empreender para pagar as suas contas. Sei bem o que é isso... Provavelmente, você se sinta "sem tempo" para estudar aspectos financeiros, justamente por estar soterrada pela operação e porque tudo é "para ontem". Então acaba negligenciando questões como estas:

- » **Quanto você quer ganhar com esse empreendimento?**
- » **O seu negócio tem potencial para trazer o retorno financeiro que você almeja?**
- » **Qual é a sua estrutura de gastos?**
- » **Quais recursos serão necessários para começar?**
- » **De quanto será o investimento?**

» **De onde virá o dinheiro?**

» **Em quanto tempo você vai receber de volta o capital investido?**

Cartas na mesa: se você quer empreender para lucrar de verdade e conquistar a sua liberdade financeira – a real proposta deste método –, tratando esse negócio como fonte de renda importante para a sua vida, aterrisse o seu sonho com planejamento, principalmente financeiro. Caso contrário, vai faltar fôlego para você continuar nessa jornada.

É espantosa a quantidade de empreendedores que não sabem quase nada sobre seu fluxo de caixa. Eu me refiro ao equilíbrio básico de entrada e saída de dinheiro. Quando são questionados e resolvem fazer os cálculos, tomam um susto. Acham que estão faturando muito e não percebem a quantidade de despesas "engolindo" o dinheiro que entra. E custo é igual unha, como bem disse Beto Sicupira,[67] um dos sócios da 3G Capital: precisa cortar sempre. E não vamos longe.

Eu soube, por meio do meu grupo de *mastermind*, de um casal de empreendedores que começou a faturar 1 milhão de reais por lançamento digital e estava torrando o lucro com carro, casa, viagens e artigos de luxo. A empresa estava com o fluxo de caixa no limite. O que aconteceu? Quando alguns lançamentos performaram mal (ou seja, não venderam o suficiente para dar lucro), o ROI, que é o retorno sobre o investimento, caiu de repente.

Acendeu a luz amarela na empresa desse casal, que pensou: *Se rodarmos mais um lançamento com ROI 2, a empresa quebra, porque consumimos o caixa achando que ele daria dinheiro para o resto da vida.* Até que eles acordaram para a realidade e perceberam que estavam sugando, sem preservar a saúde financeira da empresa. Foi quando tiveram de recomeçar, mas cuidando dos números.

---

67 BARRETO, L. As lições de Lemann, Telles e Sicupira, **Exame**, 16 jun. 2013. Disponível em: https://exame.com/pme/historias-de-gente-grande. Acesso em: 16 jul. 2022.

Uma empresa é como uma árvore. Você planta e, enquanto ela está pequenininha, tem que regar, cuidar, acompanhar, estar presente. Quando ela vira uma "arvorinha", como a gente diz em Goiânia, a tentação é grande de pendurar objetos de desejo como carro, casa e viagens. Só que ela quebra, porque o tronco ainda não está forte o suficiente para segurar o seu ego que vai inflando com o faturamento; porém, faturamento é diferente de lucro!

Você precisa cuidar dessa árvore, deixar que cresça até se tornar uma árvore frondosa, com tronco grosso. Aí você consegue pendurar o que quiser nela, porque agora ela aguenta. Mas isso demanda tempo, não é a curto prazo, e precisa estar plantada em solo propício para formar uma raiz forte. Quando começamos a empreender, é a mesma coisa: precisamos agir no dia a dia, com paciência e de olho no lucro intencional, e ativamente.

Aonde você quer chegar com o seu negócio? Como cuidar do caixa e do planejamento financeiro a fim de que a curto prazo você saiba exatamente do que precisa fazer para lucrar o quanto pretende?

Depois de lucrar, você também precisa aprender a investir esse dinheiro, enterrando a crença de que investimento é coisa de milionário, que é preciso ter muito capital para isso. Aprender a investir vai lhe trazer mais intimidade com o dinheiro e, consequentemente, mais disciplina na sua gestão financeira. Mas vamos por partes.

TEM QUE SER LUCRATIVO

Vou reforçar bastante este ponto: ou o seu negócio faz dinheiro, ou não faz. Simples assim. E, se não faz, não vale o seu tempo e o seu esforço. Você precisa inverter a lógica da maioria das empresas do mundo, que foca os instrumentos contábeis com base na regra "receita – despesas = lucro", contentando-se com o que sobra no fim do mês.

Se ensinaram a você dessa maneira, saiba agora que ela é ineficiente, principalmente para micro e pequenos empreendedores que contam com esse negócio como sua principal fonte de renda. As ferramentas contábeis são importantes e essenciais para o contador, que é quase um "super-humano" para produzir e analisar tantos relatórios repletos de entradas e saídas de dinheiro.

Nós, empreendedoras, que temos vontade de chorar diante de um relatório de balanço ou de um demonstrativo de resultados, precisamos de instrumentos mais simples. Ou seja, que nos ajudem a projetar o lucro em primeiro lugar para depois definir as metas de faturamento e as de gastos. Parece óbvio, mas no dia a dia não é. Pior: alimenta uma série de CNPJs que não são lucrativos e de empreendedores que se matam de trabalhar sem ver dinheiro no fim do mês. Vou dar um exemplo.

Há quem calcule assim: "Vou vender camisetas, cada uma por 100 reais. Como comprei a 50 reais, terei 100% de lucro, certo?". Errado. Em primeiro lugar, não existe 100% de lucro, pois o preço de venda representa 100% da sua receita bruta (faturamento antes dos impostos). Depois que o imposto é abatido, a receita cai e, dependendo da sua alíquota de imposto, faz a receita líquida (faturamento depois dos impostos) despencar consideravelmente. Após a receita líquida, você tira os custos variáveis (que variam com a venda, ou seja, de maneira simplista são os diretamente ligados aos custos da fabricação do produto ou do serviço prestado). É nesse momento que você tem consciência da chamada margem de contribuição do seu produto.

Você já ouviu: "Ah, eu tive 200%, 300% de margem com o produto"? Eu digo logo: "Repense essa conta urgentemente". Não existe 200% de margem! Preço de venda é uma coisa; margem de contribuição é outra. Olhando para a matemática do negócio, conseguimos ajustar os nossos planos para que eles saiam do papel nos remunerando bem e com riscos controlados.

Está complicado? Calma! Vamos juntas, pois você é capaz!

Durante as minhas mentorias, uma das perguntas que deixa meus alunos e minhas alunas tontos é: "Qual é o seu lucro operacional?". Noventa e nove por cento deles e delas gaguejam para responder. Só estou querendo saber se a operação é lucrativa, se é rentável, mas eles ficam mudos, pensativos, ou começam a dizer "Veja bem...". Eu explico que Ebitda[68] é um indicador financeiro para ser monitorado todos os meses, pois ele revela muito sobre a saúde do negócio.

A segunda pergunta é: "Qual é a sua meta de lucro?". Aí a situação complica, pois, por incrível que pareça, é comum aos empreendedores não saberem o quanto querem lucrar.

Na época em que eu trabalhava no Burger King, primeiro definíamos quanto de lucro nós queríamos para olhar para os gastos e passar a régua estabelecendo limites para cada linha da planilha de resultados. Lembrando que só conseguimos vender a nossa operação para a franqueadora no IPO da marca no Brasil porque a nossa capacidade de gerar lucro estava acima da média.

COMO PONTO DE PARTIDA PARA TER MAI$

Talvez você queira me perguntar: "Ok, Chris, entendi que o meu negócio tem que ser lucrativo, mas por onde eu começo?".

Depois de ter mudado o modelo mental e feito o planejamento de marketing (não pule essas duas etapas do **Método Mai$**, por favor), você vai para a terceira, que é a de construir o planejamento financeiro do seu negócio.

---

68 A sigla em inglês significa *earnings before interest,* taxes, *depreciation and amortization*; em tradução livre, é o "lucro antes de juros, impostos, depreciação e amortização". O indicador mostra se a empresa consegue ganhar dinheiro com a atividade que ela nasceu para desenvolver.

Nesse processo, você precisará:

» **Saber quanto você precisa ganhar;**
» **Ter clareza se você consegue remunerar ou não um sócio ou colaboradores;**
» **Fazer a estimativa do investimento inicial do seu negócio;**
» **Projetar a capacidade desse negócio gerar caixa;**
» **Tomar decisões para reduzir os investimentos.**

Saiba que todo começo de jornada exige esforço financeiro para que tenha uma boa arrancada. É uma decisão. Vai se preparar antes de entrar em ação? Selecionei dez passos importantes para a matemática do seu negócio dar cada vez mais resultados positivos. Além das explicações, vou partilhar neste capítulo tabelas e planilhas que a ajudarão a chegar aos números que interessam. Você também poderá acessar essas ferramentas via QR Codes presentes ao longo do capítulo. Aproveite!

PASSO 1: QUANTO VOCÊ QUER GANHAR?

É muito comum as pessoas abrirem um negócio aproveitando uma aptidão ("A sua feijoada é superelogiada!", por exemplo) ou um hobby (como cuidar de plantas), confiando no que ouvimos por aí: "Quando amamos o que fazemos, as coisas dão certo". Então mergulham de cabeça sem se preocupar com a parte vital do empreendedorismo: quanto a empresa vai dar de retorno?

Minha mãe faz a melhor comida do mundo. Sério! Tem uma mão incrível para cozinhar coisas gostosas. Estava prestes a se aposentar e tinha o sonho de abrir um negócio nesse ramo. Afinal, os pratos dela são de se comer rezando – até o arroz branco é diferente. Junto com meu pai, decidiu transformar esse hobby em negócio e abriu uma loja/buffet.

Foi um sucesso! Encomenda atrás de encomenda. O ritmo de trabalho foi ficando tão frenético que a família toda entrou na dança. Eu estava no primeiro ano da faculdade de Arquitetura e me lembro de passar a véspera de Natal ajudando meus pais e meus irmãos a preparar leitoas desossadas para a ceia. Foram mais de quarenta.

De tanto as pessoas pedirem, minha mãe começou a fornecer congelados também. Ela chegou a ter uma variedade de produtos que vendiam feito água. A porção de batata palha, então, era adorada!

O único problema do negócio era que meus pais contavam com o que sobrava no caixa, sem planejar quanto queriam ganhar. Como eles não compravam no atacado, pagavam caro pelas mercadorias. O lucro ficava comprometido por causa desses custos e das demais despesas inerentes ao negócio. Meus pais começaram a se sentir esgotados e decidiram encerrar as operações, mesmo vendendo muito.

O crescimento, quando acontece de maneira desordenada, só ajuda a multiplicar os problemas que não foram previstos inicialmente. E o principal deles é o quanto de dinheiro quem empreende quer ganhar.

Hora de ressignificarmos essa lógica "receita – despesa = lucro". A partir de agora, lucro e remuneração vêm em primeiro lugar para que a empresa trabalhe para você, e não o contrário. A fórmula que norteará o seu projeto será: **receita – lucro = despesa**.

Só depois de estimar o que quer ganhar é que você definirá o quanto pode gastar. Acredite, nós tendemos a gastar aquilo que temos no bolso. É a quantidade de dinheiro no caixa da empresa que definirá se você comprará o vinho importado de uma safra especial ou um nacional mais acessível. E posso garantir a você que esse é o melhor exercício para a criatividade nos negócios. Quando sabemos qual orçamento e valor máximo podemos gastar em algo, passamos a implementar maneiras interessantes e inteligentes de otimizar os nossos recursos.

Muitas vezes, o nível de estresse do empreendedor vai às alturas porque não sabe quanto vai sobrar no fim do mês e nem se vai conseguir pagar as próprias contas. Portanto, o primeiro passo é definir quanto você precisa (e quer) ganhar para valer a pena ir em frente com todo o resto.

Como exercício, na tabela a seguir, liste todos os seus gastos mensais pessoais (como manicure, condomínio, plano de saúde, escola dos filhos, supermercado etc.). Na coluna da esquerda, descreva o item e, na da direita, o valor aproximado dele, somando tudo no fim (A1). Esse valor total é o mínimo que você precisa ganhar com o seu negócio. Caso contrário, será melhor procurar outra oportunidade. Importante: com esta tabela você terá clareza de quanto deve ser o seu pró-labore.

Se preferir, acesse as tabelas que usaremos neste capítulo no QR Code a seguir:

LISTA DE DESPESAS MENSAIS | **VALOR (R$)**

156

Decida ganhar mai$!

TOTAL (A1)

Em seguida, você passará para a segunda tabela, que chamo de Lista dos Desejos, colocando tudo aquilo que deseja conquistar em um ano. Detalhe todas as suas metas. Se você pretende comprar um carro, por exemplo, qual é o modelo, marca, cor, preço de mercado? Se quer reformar seu apartamento, faça uma previsão de gastos. Idem para cursos, viagens, festas de aniversário, despesas de saúde etc.

Somando todos os itens dessa segunda tabela (A2), você saberá quanto precisa ganhar no ano para conseguir realizar esses desejos de curto prazo. Recomendo, ainda, que você preencha uma linha na sua Lista de Desejos prevendo aumentar em média 10% o bolo com investimentos. Feito isso, divida esse valor total por doze e terá uma estimativa de quanto a sua empresa precisa *lucrar* mensalmente (A3) para estar trabalhando para você, e não o contrário.

LISTA DOS DESEJOS	VALOR (R$)

TOTAL (A2)

Investimentos (10%)

TOTAL MENSAL (A3)

Perceba que eu separei pró-labore (primeira tabela, com base nas suas despesas atuais) de lucro (segunda tabela, com base nas suas aspirações no prazo de um ano), porque, quando você estiver em ação, terá que lidar com esses dois valores de maneiras diferentes. O seu pró-labore vai para a conta bancária que você utiliza para pagar as despesas do seu dia a dia. O ideal é abrir outra conta bancária para depositar o lucro, mensalmente, administrando o seu crescimento com investimentos financeiros disponíveis.

PASSO 2: QUAIS SÃO OS INVESTIMENTOS NECESSÁRIOS?

Uma vez que você sabe quanto precisa ganhar, agora deve detalhar o seu Capex,[69] isto é, tudo aquilo que você vai gastar no momento pré-operacional, ou seja, antes de o negócio estar funcionando.

Assim, na tabela a seguir, da Descrição das Despesas Pré-operacionais, liste todos os investimentos necessários para deixar o negócio pronto, como se você fosse entregar a chave da empresa para alguém operá-la.

DESCRIÇÃO DAS DESPESAS PRÉ-OPERACIONAIS	VALOR (R$)

---

69 A sigla Capex significa, em inglês, *capital expenditure* e pode ser traduzida como "despesas de capitais" ou "investimentos em bens de capitais".

Recomendo que você sempre faça três orçamentos e escolha aquele com melhor relação custo-benefício para levar para essa tabela.

Nesse passo, percebe-se o quanto é importante conhecer a área do seu negócio. Quando queremos abrir algo do zero e sem conhecimento no assunto, a chance de desperdiçarmos energia e dinheiro é enorme. Se você não sabe quanto e onde gastar, todo valor será insuficiente. Preencha as tabelas e comece a ter clareza dos seus números.

PASSO 3: A HORA DA VERDADE

Agora que você sabe quanto precisa ganhar por mês e quanto será o seu investimento inicial, chegou o momento de fazer algumas projeções sobre o potencial de geração de caixa desse negócio. Essa é a hora da verdade.

A sua empresa tem potencial de deixar dinheiro no seu bolso ou não?

Agora, vamos simular a *etapa operacional* da sua empresa: ela está funcionando, tem clientes, gera receita, gera lucro e, por fim, paga as contas? Sim, esse será sempre o raciocínio, mudando o paradigma de que o lucro é o que sobra. O seu lucro, a partir de agora, será intencional, e você já sabe exatamente de quanto é.

Para criarmos essa simulação, vou usar com você uma variação do Demonstrativo de Resultado do Exercício (DRE). Embora seja uma ferramenta contábil, vamos utilizá-la de modo gerencial. Importante: ela precisa ser alimentada com frequência para que você domine a matemática do seu negócio em vez de ser engolida por ela.

O DRE que vamos usar no método **Mai$ Lucro** segue a seguinte lógica:

DRE GERENCIAL	MÊS 1
Receita bruta (faturamento antes dos impostos)	R$
Impostos (alíquota variável)	R$
Impostos (alíquota variável)	R$
Pró-labore	R$
Lucro desejado	R$
Gastos com mão de obra	R$
Despesas operacionais	R$

Sugiro que você faça esse exercício para cada um dos doze meses do ano e contemplando três cenários: realista, otimista e pessimista. As planilhas, para os três cenários, também estão disponíveis no QR Code citado anteriormente.

Eu separei os gastos com mão de obra das despesas operacionais, pois eles são muito mais determinantes em alguns segmentos em relação a outros. Cuidado apenas para não "inchar" a sua folha. Tendemos a achar que, para crescer, precisamos contratar mais e mais pessoas, esquecendo-nos de medir o desempenho para saber se elas estão, de fato, entregando o seu melhor. Sei bem do que estou falando, pois tive mais de 2 mil colaboradores no Burger King Rio Grande do Sul, dos quais seiscentos se reportavam diretamente à nossa operação. E atualmente a equipe da Rocket vem crescendo em ritmo acelerado.

Contrate apenas quando tiver certeza de que você e seu(s) colaborador(es) estão no limite de sua produtividade.

Na linha das despesas operacionais, você vai detalhar todos os demais gastos estimados que não têm a ver com pessoas.

Sei que você quer me perguntar: "Mas, Chris, como eu vou saber quais são os gastos se eu ainda não estou operando?".

Sugiro duas maneiras: trabalhando em um estabelecimento que é referência para você, na área de atuação daquilo que quer abrir ou conversando com ex-funcionários do concorrente. E, se achar que eles têm perfil e interesse de trabalhar com você, contratá-los a ajudará a decolar sua operação – desde que "caibam", financeiramente falando, na sua folha.

PASSO 4: CUIDADO COM O CICLO FINANCEIRO

Às vezes, o dinheiro entrou no relatório gerencial, mas no caixa não. Essa é uma armadilha bem comum que confunde a cabeça dos empreendedores, pois pagam o fornecedor à vista, mas permitem que o cliente pague em parcelas. Significa que você está financiando a compra, e a essa diferença de dias entre a saída e a entrada do dinheiro damos o nome de ciclo financeiro.

Quando você partir para as suas estimativas de receita, seja realista se for praticar um ticket médio com chances de ser parcelado em vezes. Digamos que pretenda vender uma bolsa de 120 reais. No caixa do mês, você não vai colocar 120 reais, mas sim 30 reais, que é o que corresponderá à parcela que provavelmente entrará nele.

Essa ferramenta, que chamo de DRE gerencial, é derivada de tudo que aprendi ao longo dos anos empreendendo. Peço licença poética aos contadores, já que, quando você entrar em ação, eles exigirão que coloque os 120 reais no mês da venda (regime de competência). Mas aqui, com o **Método Mai$ Lucro**, estamos considerando que, no fluxo de caixa, o ajuste será feito de acordo com as parcelas acordadas, pois facilita planejar a matemática do negócio que sonha abrir.

PASSO 5: DE ONDE VIRÁ O CAPITAL INICIAL?

Ok. Você fez as suas previsões e percebeu que o negócio dos seus sonhos pode ser lucrativo, mas... precisa de dinheiro para começar. O que fazer? Olhar os números com atenção para começar com a mínima versão possível do seu produto ou serviço. Nesse momento, não pense em gastar muito dinheiro. Sonhe grande, mas comece pequeno, com os pés no chão. Seja austera, pois isso vai garantir a você longevidade nos negócios.

O primeiro escritório da Rocket era de cair o queixo. Construí uma sala comercial incrível, projeto de um arquiteto premiado, acabamento de primeiríssima, móveis assinados por designers famosos, e acabei percebendo que tudo aquilo era uma bobagem para a empresa. Nós não precisávamos daquela ostentação toda. Era o meu ego falando mais alto.

Resolvi tirar a Rocket daquele espaço e nos mudamos para uma área muito maior – porém, em um prédio mais antigo e com um aluguel mais em conta. Aluguei o meu escritório ultra-mega-incrível, e isso me rendeu, como investimento, um retorno na ordem de 1% ao mês. Fiz um melhor negócio.

Outro ponto a considerar: muita gente que começa um negócio diz precisar de um sócio investidor para crescer. Espera aí, o seu negócio é lucrativo? Digo isso porque investidor não é filantropo. Essa parceria pode custar caro para você, pois ele ficará no seu "cangote" cobrando resultado para o dinheiro que colocou ali.

Vale a pena se perguntar:

» **Preciso do dinheiro de terceiros?**
» **Consigo pegar esse dinheiro no banco a juros baixos?**
» **Antes de decidir, pesquisei as várias fontes de investimento disponíveis no mercado para escolher a melhor para o meu caso?**

Sobre fontes de investimento, há o crowdfunding, quando se faz campanhas on-line de financiamento coletivo. Uma interessante foi para produzir o livro *São Paulo – Eixo Z*,[70] reunindo fotos da cidade de São Paulo em ângulos inusitados, feitas com drone pelo empresário Facundo Guerra. A meta foi batida em seis dias na Catarse, plataforma virtual para aproximar pessoas que desejam doar dinheiro para projetos com os quais se identificam ou

---

70 GUERRA, F. **São Paulo – Eixo Z.** v. 1. São Paulo: Gaps Editora, 2019.

financiar tendo algum retorno (como receber um exemplar do livro que ajudou a publicar).

Quando é sugerido recorrer ao crowdfunding? Quando o projeto tem cunho social, de comunidade, atende a um sentido de pertencimento. Assim, dificilmente você vai conseguir abrir uma hamburgueria com crowdfunding. Também é muito usado para inovações com alto risco tecnológico. Pode acontecer de o projeto não vingar ou de dar *muito* certo, mas quem contribui está consciente disso.

Existe, também, a modalidade de *crowdequity*, que funciona quando qualquer pessoa pode comprar uma cota da empresa. Plataformas como a Kria proporcionam esse tipo de operação. E, como são vários investidores colocando dinheiro juntos, o aporte de entrada tende a ser menor.

Outro meio é o clássico financiamento bancário, e pode ser um bom caminho caso as suas planilhas de controle financeiro indiquem que conseguirá pagar as parcelas.

Existem linhas de crédito bem interessantes nos bancos de fomento estaduais. Lembro-me de buscar financiamento para a Rocket na Agência de Fomento de Goiás, e negociamos uma taxa de juros de cerca de 7% ao ano. As taxas variam de acordo com os índices econômicos e a taxa Selic principalmente.

O Serviço Brasileiro de Apoio às Micro e Pequenas Empresas (Sebrae) também costuma ter caminhos e orientações interessantes aos micro e pequenos empreendedores sobre como conseguir financiamento com taxas interessantes. Vale consultar.

Se você opta por pegar dinheiro no banco em vez de buscar investidores, protege a sua participação no negócio enquanto espera que ele amadureça e tenha mais valor. Assim, conseguirá mais recurso, cedendo menos percentual da empresa, caso queira oferecer a investidores mais para a frente.

Há mais esta fonte de investimento: a FFF (*family, friends and fools*), referindo-se a família, amigos e tolos, que são aqueles que costumam emprestar um capital inicial por solidariedade e camaradagem, por acreditarem no potencial da sua ideia e na sua garra. E por que tolos? Porque investem em algo ainda incipiente, não medem os riscos, não entendem do negócio em que você atuará e não exigem garantias de retorno do dinheiro. Eu admito que já me vi nessa categoria mais vezes do que gostaria.

Com FFF, existe o risco de você não conseguir devolver o dinheiro e, ainda, esfacelar os laços afetivos por causa disso. Uma maneira de se precaver é embasando o seu pedido com números. Em vez de dizer apenas "Eu acredito, eu acredito, eu acredito", explique com base em quê. "Eu acredito por causa desses números aqui" e mostre suas tabelas e planilhas.

E se não der certo mesmo assim? Ao menos comunique os motivos e as atitudes que você tomará, demonstrando preocupação com a relação afetiva. É o mínimo que você pode fazer.

Enquanto o dinheiro obtido com FFF é chamado de *love money*, o proveniente de investidores profissionais, os famosos anjos, é conhecido por *smart money*. Eles trazem uma compreensão dos mercados financeiro e empresarial, têm participação em outros negócios bem-sucedidos e forte intuição para perceber tendências antes da maioria. Vários atuam em grupos, como Anjos do Brasil e Bossa Nova Investimentos, e querem investir em negócios exponenciais, que têm chances de crescer dez vezes mais que os concorrentes tradicionais. Diante deles, prepare-se para responder a várias perguntas sobre a matemática do negócio, por exemplo: "Você já sabe como vai aplicar esse dinheiro que está me pedindo, e o que ele vai fazer pelo seu negócio?".

Reality shows como *Shark Tank Brasil* (canal Sony) também são uma opção de visibilidade para buscar dinheiro para impulsionar o seu projeto. Afinal, você tem a chance de vender uma participação na sociedade da sua empresa a cinco dos maiores investidores do Brasil. O programa é sobre pessoas tentando convencer esses "tubarões" a contribuir com o know-how e o capital deles. Uma parte conquista **165** esse objetivo, mas todas ganham visibilidade quando a gravação da sua apresentação é exibida na tevê e na internet.

Em compensação, abrir o seu negócio usando apenas recursos próprios no universo das startups ganhou este nome: *bootstrapping*. Nesse caso, os sócios apertam o cinto e não recorrem a investidores externos. É comum entre empreendedores não iniciantes, já capitalizados com outros negócios que possuem. A entrada de capital vem dos primeiros clientes, interessados na solução que essa empresa traz.

PASSO 6: VOCÊ TERÁ SÓCIOS?

É difícil caminhar sozinha, eu sei. E, nesse momento, falhamos quando chamamos uma amiga, por exemplo, para ser sócia do nosso negócio. É normal procurar uma sócia ou um sócio por afinidade, mas isso costuma destruir a sociedade e a amizade.

Quando você tem consciência dos números, sabe quanto pode pagar de mão de obra. Às vezes, vale mais a pena contratar alguém (é mais barato) do que se comprometer com um sócio – ou não, pode ser mais vantajoso negociar uma sociedade em que ambos recebem um pró-labore abaixo do mercado e compatível com suas funções, apostando no futuro da empresa.

Eu já presenciei muitas coisas acontecerem nesse quesito. Já vi amizade de uma vida ser desfeita, não por prejuízo da empresa, mas pelo sucesso dela. As sócias começaram a discutir por causa de dinheiro (uma queria expandir e reinvestir, e a outra queria lucrar) e desfizeram uma sociedade rentável; hoje, mal se falam.

PASSO 7: (RE)AJUSTANDO O PLANEJAMENTO FINANCEIRO

Vamos conferir o que já fizemos até aqui?

Lista das despesas pessoais (pró-labore): **ok**

Lista dos desejos (lucro): **ok**

Detalhamento do investimento inicial: **ok**

Simulação do DRE gerencial **Mai$ Lucro**: **ok**

Simulação de três cenários do DRE **Mai$ Lucro**: **ok**

Clareza do teto das despesas operacionais: **ok**

Clareza do teto das despesas com mão de obra: **ok**

Bem, agora é hora de fazer ajustes nesses números todos. São válidas estas perguntas:

» **Será que você "salgou" demais no sonho e deve reduzir um pouco o lucro desejado no começo?**

» **Será que está projetando despesas altas demais?**

» **Será que tem como ajustar os custos de produção?**

» **Será que pesquisou fornecedores suficientes para encontrar a melhor relação custo-benefício?**

» **Será que esse negócio realmente tem o potencial de faturar o que você está estimando? Por quê?**

» **Você conversou com os concorrentes? Conseguiu identificar algum padrão ou estabelecer referências para o lucro desejado?**

» **Seja fria e calculista: a sua operação tem potencial de dar dinheiro ou não? Vale o esforço?**

Todas essas perguntas são fundamentais e precisam ser bem respondidas para você seguir em frente com mais segurança e menos risco.

PASSO 8: CONTRATE UM BOM CONTADOR!

Um bom contador é essencial! As ferramentas contábeis têm uma dinâmica diferente do planejamento que já apresentei para você, mas é extremamente importante compreendê-las. Por isso é crucial você ter um profissional contábil qualificado para que ele a oriente inclusive no planejamento tributário, no regime de abertura

Aonde você quer chegar com o **seu negócio**? Como cuidar do caixa e do planejamento financeiro a fim de que a curto prazo você saiba exatamente do que precisa fazer para lucrar o quanto pretende?

de empresa, na Classificação Nacional de Atividades Econômicas (CNAE) do contrato social, definindo a natureza do seu trabalho.

Eu me lembro de que, na primeira empresa que eu abri, a Chess Comunicação Estratégica, chegou uma multa indevida no valor de 10 mil reais (o equivalente a 30 mil reais em valores atuais). Meu contador me orientou a não pagar.

Não se envergonhe de buscar orientação com seu contador; assim, você agirá com mais responsabilidade fiscal e não pagará nem a mais nem a menos do que deve. Comece do jeito certo, com um contrato social caprichado e um bom acordo que defina todas as regras do jogo com você e seus sócios, incluindo cláusulas de entrada e de saída. Se tudo der errado, quem ficará com o quê?

PASSO 9: AÇÃO!

Tudo o que fizemos até agora foi planejar e construir hipóteses a partir da nossa experiência e dos nossos insights desse processo de criação. Mas o papel aceita tudo! A planilha aceita tudo, e não há mapa que resista ao terreno, como bem explica Gustavo Caetano em um capítulo inteiro de seu livro *Pense simples*.[71] Por isso, fique sempre com o terreno, pois significa lidar com a realidade.

Se o mapa lhe disser que você conseguirá X% de clientes, enquanto o mercado sinalizar para você que o seu produto não vende, ouça com mais atenção o que as pessoas estão falando. Claro, um plano ajuda a reduzir riscos, otimizar recursos, gastar menos e ser mais inteligente na conquista da sua independência financeira. Entretanto, eu asseguro a você que problemas surgirão, e que desvios de rota serão necessários. Faz parte da vida de todo empreendedor.

Para se sentir mais no controle, apoie-se no feedback dos seus clientes, esteja perto deles, ouça, modele a experiência e entre em

---

71 CAETANO, G. **Pense simples**: você só precisa dar o primeiro passo para ter um negócio ágil e inovador. São Paulo: Gente, 2017.

um *flow* de melhoria contínua. Afinal, os seus clientes são as únicas pessoas capazes de responder à pergunta: "Será que vai dar certo?".

Mais um alerta importante: vivemos em um mundo cheio de gurus que nunca abriram um CNPJ dizendo que "tudo de que você precisa é acreditar que consegue". Isso é uma grande mentira. Você precisa se preparar, e é sobre isso que conversamos até aqui.

Há momentos em que você começa a olhar para os números e percebe que eles estão "gritando" que o negócio não vingará. Você continua insistindo porque disseram que tem que ser persistente. **A persistência deve fazer você avançar quando, apesar das dificuldades, existem sinais mostrando um caminho viável – e que será só uma questão de tempo para o negócio deslanchar.**

Portanto, procure cercar-se de indícios de que você precisa persistir. Por exemplo:

- » **Os clientes que compraram uma vez estão voltando para comprar mais?**
- » **Eles estão indicando a sua marca para outras pessoas?**
- » **O produto tem sido elogiado?**

Se a resposta for "sim" para essas perguntas, vale a pena persistir no negócio. Mas, se esse não for o caso, insistir será como dar murro em ponta de faca. Você vai se machucar. Então é melhor admitir a falha para recomeçar de outro ponto.

No best-seller de finanças *Os axiomas de Zurique*,[72] o jornalista anglo-americano Max Gunther diz que tendemos a nos agarrar com mais força aos nossos prejuízos do que celebrar as nossas conquistas. Ele comenta que, quando a ação está caindo na Bolsa de Valores, o investidor tende a ser otimista e se agarra no ativo na esperança de voltar a subir, em vez de realizar um pequeno prejuízo. O tombo pode ser fatal.

---

72 GUNTHER, M. **Os axiomas de Zurique**: os conselhos dos banqueiros suíços para orientar os seus investimentos. Rio de Janeiro: Best Business, 2017.

Recomendo que você trabalhe, se possível, com uma margem de tolerância para prejuízo (na Bolsa de Valores chamamos de *stop loss*). Combine consigo mesma quanto está disposta a perder – tipo "pagar para ver", escolhendo ser persistente quando o seu negócio der sinais de vida. Mas sem insistir, caso ele esteja "morto" na teoria, na prática e nos números.

PASSO 10: APRENDA A INVESTIR E A FAZER O BOLO CRESCER

Confesso que nunca fui boa na administração do dinheiro que ganhava com o meu trabalho. Não tinha muita paciência de olhar para tantas planilhas, tantos gráficos, e encarar uma linguagem pouco empática comigo. Deixava essa gestão a cargo do meu ex-marido. Depois passei para um consultor financeiro e vi a minha carteira despencar, sem que ele tomasse nenhum partido ou propusesse uma maneira de blindar o que eu tinha conquistado. Deleguei para outro consultor que fez inúmeras promessas e, de novo, me frustrei.

Descobri que ninguém cuidaria tão bem do meu dinheiro como eu, porque só eu sabia o quanto custava para ganhar. Quanto suor, quanto sacrifício, quantas noites em claro, quantas renúncias etc. Busquei ajuda dos melhores profissionais do mercado, não delegando como antes. Dessa vez, prestei atenção, quis aprender com eles. E finalmente consegui avançar com os meus investimentos e construir uma carteira de investimentos de maneira consciente e saudável.

O mercado financeiro, embora tenha evoluído, ainda é um ambiente hostil para as mulheres, pois funcionamos com um sistema operacional diferente. As nossas dores e os nossos desejos são diferentes em relação aos do homem. Precisamos de mais contexto, nos conectamos mais com histórias, nos plugamos à emoção e não aos gráficos e *papers* com apenas números, números e mais números.

Nos emocionamos com mais facilidade, temos capacidade de perceber o ambiente de modo plural e não precisamos nos esconder ou nos masculinizar para circularmos à vontade na avenida Faria Lima, onde está um dos principais centros financeiros do país atualmente, localizado em São Paulo.

O que querem as mulheres que fazem dinheiro? Por que as mulheres querem ser ricas? Por que os homens querem ser ricos? Qual o formato de conteúdo que mais as atrai? Como você costuma consumir informações técnicas de diferentes mercados? Perguntas como essas orientaram a criação de treinamentos incríveis sobre finanças pessoais e investimentos de uma das maiores e mais renomadas escolas para o mercado financeiro do país, a Melver Educação.[73]

Não importa quanto dinheiro você tenha! Pode começar com pouco. Só precisa dar o primeiro passo e começar a viver esse novo estilo de vida que lhe traz independência e empoderamento de verdade. Afinal, mulher empoderada é mulher com dinheiro no bolso.

UMA HISTÓRIA DE SUCESSO PASSO A PASSO

A minha aluna Fernanda (nome fictício) colocou em ação todos os passos que apresentei. Quando começou a minha mentoria, ela tinha acabado de se desfazer de uma loja de acessórios para celular. Animada com a procura dos jovens por capinhas customizadas para smartphones, abriu um quiosque no shopping mais movimentado de Goiânia, pagando um aluguel caríssimo em troca de 365 dias de fluxo intenso na porta da sua loja.

---

[73] No site christaveira.com.br, você encontrará conteúdos gratuitos em parceria com a Melver Educação, com os primeiros passos para montar a sua carteira de investimentos.

O que a princípio parecia liberdade se transformou em uma prisão. Ela adquiriu uma rotina intensa de trabalho sem ter clareza do quanto sobrava no fim do mês. Fernanda acreditava que o problema estava nas vendas, por isso contratou mais dois colaboradores. De fato, as vendas aumentaram. Sua estrutura de custos, no entanto, disparou e a má gestão a fez queimar o caixa da empresa, e ela se viu obrigada a vender o ponto para salvar o mínimo das suas economias.

Ela estava preocupada em vender mais, e não em *lucrar* mais, e isso faz toda a diferença. Um negócio não precisa ser gigantesco, mas lucrativo o suficiente para valer o seu esforço e o seu tempo.

Quando começamos o nosso processo, Fernanda estava disposta a empreender com uma amiga abrindo uma casa de gin (nova moda da cidade). Combinamos que ela só faria isso após seguir todos os passos que eu tinha indicado na mentoria (e que compartilhei com você neste capítulo).

Fernanda começou listando todas as suas despesas pessoais, a fim de saber exatamente quanto precisava ganhar e quanto queria ganhar. Em seguida, identificou nove bares na cidade com uma carta de drinques interessantes e encontrou um ex-funcionário de um deles para conversar sobre o negócio. Com isso, ela teve uma ideia aproximada dos investimentos necessários para montar um negócio focado em gin, bem como os custos e as despesas do dia a dia do negócio.

As margens pareciam atraentes. Mas, antes de criar o negócio, pedi que tivesse paciência para seguir no nosso *framework*. Para que, de fato, a empresa fosse lucrativa, Fernanda teria que ser conservadora nos gastos e muito criativa para se diferenciar da concorrência e desembolsar menos com publicidade.

O melhor combustível para a criatividade é a falta de dinheiro.

Fernanda precisava de um ponto barato e encontrou uma alternativa interessante no centro da cidade, por um valor que cabia no seu bolso. Um espaço com a arquitetura art déco, muito característica da Goiânia do passado.

Em vez de sair construindo um novo bar nesse ponto recém-alugado, ela se perguntou: "O que eu posso fazer aqui que não exija uma grande reforma?". Paralelamente, investigou a história do lugar, a história do bairro, e começou a pensar em um conceito diferente para valorizar ambas as artes: a do local e a da coquetelaria.

Fernanda montou uma apresentação contando todo o conceito e encaminhou para pessoas que não eram da sua rede de relacionamentos. Solicitou feedback sobre a proposta: um espaço de arte dedicado a drinques à base de gin e comidinhas diferentes.

Por ter criado um conceito antecipadamente, Fernanda gastou muito pouco com a preparação do imóvel. Em vez de reformar tudo, valorizou a arquitetura do prédio e as paredes descascadas por meio da iluminação, montou um cardápio a partir de um trabalho colaborativo, criou a narrativa antes mesmo de abrir as portas e se destacou criando drinques fora do campo das commodities.

No campo da "matemática", Fernanda fez simulações para prever como geraria caixa, depois de saldar despesas com impostos, estoque de bebidas, compra de frutas, equipe etc., decidida a não repetir a realidade do negócio anterior. Seguiu o meu conselho de fazer isso imaginando três cenários: otimista, realista e pessimista. Isso ajudaria a resolver imprevistos e fechar a torneira de gastos mais rapidamente. Como cliente não compra drinques parcelando, ela simulou com mais segurança como seria o ciclo financeiro do negócio.

Uma estratégia para não extrapolar nos custos e ao mesmo tempo fazer mais gente saber da novidade foi levar para uma escola de bartenders o desafio de os alunos criarem um cardápio contendo quatro drinques clássicos com outros criativos. Faria parte da parceria divulgar a escola nos canais digitais do bar, além de promover concursos no seu espaço tendo como jurados os professores da escola.

O capital inicial veio de recursos próprios, ou seja, da venda do ponto do negócio de acessórios para celular. Devido à experiência de já ter tido um negócio que só dava prejuízo, Fernanda se dedicou demais na revisão de cálculos e estratégias para garantir que, dessa vez, faria dar lucro.

Eu a orientei a contratar um bom contador e a entrar em ação abrindo o bar primeiramente em esquema *soft opening* (leve abertura, em tradução livre), ou seja, sem divulgação, apenas para alguns poucos clientes, geralmente convidados dela e da equipe, para opinarem sobre os serviços e também sobre os drinques, petiscos, conforto das cadeiras, iluminação, facilidade para estacionar etc. Além de serem uma ótima estratégia para despertar desejo por meio do "convite exclusivo", os feedbacks indicam os ajustes necessários para melhorar a operação antes de receber mais clientes.

Assim foi feito. O bar de gin da Fernanda se tornou ponto de encontro dos amantes da arte, das bebidas diferentes e das comidinhas especiais, mas nem por isso ela saiu torrando o lucro. Estava consciente do quanto queria lucrar e do quanto precisava deixar no caixa da empresa para pensar a curto, médio e longo prazos. Ela estava consciente da importância de aprender a investir para fazer o bolo crescer.

PRONTA PARA (RE)COMEÇAR?

A esta altura, você já sabe responder qual é conceito do produto, a necessidade que ele atende e como vai entregar a solução prometida, promovendo uma boa experiência ao seu cliente. Também inverteu a maneira de pensar o lucro da sua potencial empresa, definindo em primeiro lugar o seu lucro para, depois, estabelecer as metas de receita e despesas.

Você também aprendeu que é importante exercitar diferentes cenários com perspectivas mais otimistas e pessimistas de faturamento.

Feito todo esse percurso, quando já está entendendo muito melhor os números e o que eles dizem sobre o seu negócio, você se sentirá mais bem preparada para começar (ou recomeçar). É mão na massa *mesmo*, incorporando a tudo que planejou a sua intuição feminina, sensibilidade, escuta ativa, inteligência e energia para fazer ajustes e melhorias no caminho.

A prática vai confirmar ou não todas as suas projeções e expectativas. Talvez você perceba que seu orçamento "salgou" demais aqui ou ali e precise criar uma compensação para o resultado financeiro no fim do mês não ser muito discrepante. Faz parte, acontece nos melhores negócios.

Para reformar a nova sede da Rocket, fizemos três orçamentos para cada item. Só que o carpete ficou mais caro do que o previsto, então tentamos economizar na mobília. No fim das contas, não fugimos muito da verba que havíamos reservado.

O que não dá é para gastar desenfreadamente. Quando você começa a pôr a mão na massa, precisa saber o que priorizar e controlar os impulsos balanceando o impacto financeiro de cada decisão.

Nesse começo de execução é essencial não descolar demais do que você desejou e planejou e acompanhar os números, além de atualizá-los sempre. Você não pode abandonar as planilhas, instrumentos cruciais para uma boa gestão.

Também não pense que terá todas as respostas antes de começar. Aquilo ali é um norte, mas que ajuda a aterrissar do sonho. Do contrário, viveremos só no futuro. Os números nos puxam para o presente, que é com o que temos de lidar.

Ter visão de futuro é importante, sendo necessário plantar e regar a sua árvore hoje. É igual a viajar: sem preparo, você não vai a lugar nenhum. Precisa decidir o destino, o transporte, arrumar a mala, avisar familiares, ter dinheiro para levar (calculando quanto deverá gastar por dia). Mesmo assim, você poderá ter surpresas, imprevistos, novidades que somente conhecerá durante a viagem.

Ajustes serão sempre necessários. Na Rocket, por exemplo, depois da mudança para a sede nova, focamos contratar uma equipe de recursos humanos para desenhar uma política de cargos e salários, além de um plano de carreira para o time. Não tínhamos isso bem estruturado ainda, mas percebemos o quanto era necessário.

Também identificamos a oportunidade de desenvolver softwares. E passamos a indagar: será que conseguimos montar um time interno para fazer uma spin-off, derivação de um projeto que pode ter vida própria dentro da empresa? Somente vamos saber planejando e executando. Igual a água de rio, que vai correndo e se adaptando aos cursos possíveis, transpondo os obstáculos e fluindo até alcançar o mar.

Quero tranquilizá-la de uma coisa: se o seu ponto forte for cuidar do produto ou das vendas, a gestão dos números pode ser feita por um profissional de sua confiança. Mas é imprescindível que você participe ativamente do preenchimento das planilhas de planejamento para entender todas as informações.

No meu caso, confio o controle financeiro ao meu irmão, que é um dos meus sócios. Mas, antes, entendi os números da empresa. Somente depois me sentei com a equipe e afirmei: "O estratégico é comigo. Daqui em diante, o operacional é com vocês".

Dessa maneira, todos passaram a ser responsáveis por manter a matemática do negócio. Não é nenhum "bicho de sete cabeças" e vai contribuir para ajudar você a se tornar uma empreendedora 3Rs: realizada, rica e referência para outras mulheres.

CASE EVENTOS, RUMO AO TOP 5

O primeiro contato da goiana Jéssica Lima com o empreendedorismo foi em um negócio familiar, na área de eventos empresariais, aos 12 anos. Funcionária do pai, decidiu cursar Administração, muito por querer consertar as falhas de gestão que percebia e por ter ambição de querer se tornar autoridade no mercado que escolheu atuar. "Sempre faltava dinheiro por inexistir controle de fluxo de caixa. Ninguém sabia qual era o ponto de equilíbrio, a margem de contribuição... O negócio acabou falindo, e eu me deparei com uma situação de escassez total", conta.

Vendo que esse mercado de arquitetura promocional, merchandising e cenografia para grandes eventos era muito promissor, com várias empresas lucrando alto, Jéssica e seu irmão, Osório Neto, quiseram organizar a empresa. Estudaram melhor o sucesso dos concorrentes, entenderam qual era o perfil ideal de cliente e a matemática do negócio. Ela levava aos professores da faculdade problemas reais do seu dia a dia, como "Eu não sei fazer um DRE, me explica o que é isso?" e "Como eu consigo identificar o lucro real disso aqui?".

Junto com o irmão, comprou a parte da mãe, que se separou do pai, fundando a Octarte, que deslanchou enquanto ainda eram jovens, com menos de 30 anos. "Ele não conseguia executar a gestão. Achava que podia gastar o dinheiro que entrava no caixa como se fosse dele e duvidava da nossa capacidade de gerenciar o negócio. Então saímos da sociedade e nos tornamos concorrentes", conta ela.

Entendendo o macro, Jéssica e o irmão começaram o planejamento e depois partiram para a execução. Ela assumiu a direção comercial, marketing e projetos; ele, a administrativa. Os dois, juntos, faziam o controle financeiro, sem repetir os erros do pai. No primeiro ano, pagaram as dívidas. No segundo, cresceram 300% em

MATEMÁTICA: ATERRISSANDO O SONHO

faturamento e *market share* (participação no mercado). No terceiro, já eram reconhecidos regionalmente; e, no quarto, nacionalmente.

Em sete anos de história, a empresa de eventos já havia se expandido de Goiânia para São Paulo e acelerou até se tornar uma das cinco maiores empresas do país no seu segmento. Com menos de um ano de mudança para o Sudeste, começou a pandemia de covid-19, paralisando os eventos. "Graças à boa gestão e ao controle financeiro, conseguimos nos manter com recursos próprios durante dois anos. Enxugamos custos e adotamos a estratégia de trabalhar com produtos de ticket médio bem menor, fortalecendo vínculos com os clientes e fornecedores nessa fase difícil para todo mundo", explica Jéssica.

Na retomada, Jéssica e o irmão tiveram a grata surpresa de serem procurados por concorrentes em dificuldades, propondo parceria no atendimento aos clientes deles.

Eu admiro a Jéssica porque ela sonhou grande e executou projetos grandes, nessa mesma proporção. E nunca colocou barreiras pelo fato de ser mulher. No passado, ela admite que se incomodava quando escutava "Fechou esse contrato porque é bonita". Chegou a engordar 15 quilos para que as pessoas parassem de analisar sua aparência e reconhecessem seu mérito.

Eu perguntei a essa amiga qual recado ela gostaria de deixar a todas as mulheres que estão lendo este livro. Lá vai: "Quero reforçar que dinheiro é bom, necessário, saudável. Não há nada mais prazeroso do que ter dinheiro para comprar o que quiser, sem precisar pedir a marido. E, se uma mulher quiser batalhar para ter sucesso e comprar um Porsche, tem o direito de só precisar fazer um Pix".

Espero que, a partir de tantos exemplos e de diferentes portes, você se inspire a buscar a sua liberdade financeira assim como eu, a Jéssica e tantas outras mulheres que não se intimidam em ir atrás do seu próprio espaço.

A **persistência** deve fazer você avançar quando, apesar das dificuldades, existem sinais mostrando um caminho viável.

JAMAIS DESISTA, A FORÇA ESTÁ EM VOCÊ

CAPÍTULO 8 ←

Depois que você despertou sua força mental, fez o planejamento de marketing do seu negócio e comprovou que ele é lucrativo, não precisa esperar mais nada e nem ninguém para deslanchar. Acabou a dependência da aprovação dos outros e de ficar pedindo, ou mesmo implorando, espaço e liberdade de ação.

VÁ EM FRENTE, SABENDO QUE (RE)NASCER DÓI, E ESTÁ TUDO CERTO

Você não precisa ser perfeita! Faça apenas o seu melhor, desafie-se e não pegue tão leve consigo mesma.

Você vai tropeçar e errar. Receber críticas e enfrentar vários desafios que testarão a sua capacidade de resistir. Como resposta, mostrará o quanto quer conquistar aquilo a que se propôs.

Você descobrirá que o mundo não é cor-de-rosa e que algumas pessoas agirão de má-fé. Vai chorar, ter vontade de desistir. E até duvidar da sua capacidade – não só uma, mas várias vezes.

Por outro lado, vai se deliciar com cada meta batida, explodir de felicidade quando enxergar nos olhos das pessoas a diferença que você faz na vida delas. Vai chorar quando seus filhos disserem o quanto eles têm orgulho da mãe empreendedora.

Você vai sentir o prazer de checar a sua conta bancária e se sentir livre para fazer o que quiser, com quem quiser, de onde quiser e quando quiser. E também vai sentir o poder de tomar posse de si mesma e de se fortalecer a partir da sua real identidade.

Quando estiver difícil, permita-se extravasar as suas emoções, mas não deixe que o choro dure uma eternidade. Lembre-se de que uma fase é feita para *passar*, não para *morar*, e que serão nos dias desafiadores que você precisará se esforçar para mudar as informações que manda para o seu cérebro, melhorando, assim, o seu estado mental e, consequentemente, os seus resultados.

É quando você não quer treinar que mais precisa treinar para reforçar o seu compromisso consigo mesma. É quando não quer ter uma conversa difícil que mais precisa fazer isso com a outra pessoa. É quando a empresa está em apuros que ela mais precisa que você a olhe com calma.

Não perca tempo em cima do muro nem hesite na tomada de decisão. Faça o seu planejamento, mas não se prenda a planilhas, pois não existe plano que sobreviva ao campo de batalha. Aprenda com o processo.

E que tal utilizar âncoras de força na sua jornada?

Amy Cuddy, renomada psicóloga social, recomenda em sua palestra TED[74] "A nossa linguagem corporal modela quem somos" a prática das poses de poder, principalmente nas horas mais difíceis. Fazer a pose da Mulher-Maravilha (com as mãos na cintura e a coluna ereta) por dois minutos antes de uma reunião desafiadora pode ajudar você a ter mais autoconfiança e ser mais assertiva.

---

74 CUDDY, A. A nossa linguagem corporal modela quem somos. **TED**, jun. 2012. Disponível em: https://www.ted.com/talks/amy_cuddy_your_body_language_may_shape_who_you_are?language=pt. Acesso em: 7 jul. 2022.

TAMBÉM VALE CRIAR OS SEUS RITUAIS DE FORÇA

Um dos meus é o boxe. Essa luta me trouxe muito mais consciência corporal, além de ter me mostrado o caminho para a disciplina e o planejamento de conquistas a longo prazo. Ser consistente faz a diferença nesse esporte que amo e também no empreendedorismo (que eu amo ainda mais!) por me deixar mais no controle das situações e me fazer aprimorar sempre, além de recarregar a minha energia para realizações.

Com o boxe, descarrego e recarrego todas as minhas baterias. Nada tem a ver com bater ou apanhar. Mas com potencializar a minha força para a vida, melhorando foco, reflexo e resistência. Com descobrir que o limite somos nós quem criamos! Por isso, na Rocket, estou sempre recomeçando jornadas de conhecimento que me desafiem, me exigem disciplina e muitos rounds de dedicação e persistência, igual ao boxe.

Ser consistente vai transformar seu corpo em uma nova máquina, com muito mais energia e disposição para realizar tudo que quiser. Ser uma empresária que sonha grande vai transformar a sua vida, conferindo-lhe mais liberdade e riqueza para usufruir de tudo o que deseja.

Sonhar sem fazer nada é só sonho. Sonhar com ação e disciplina é possibilidade de realização. E nunca desistir, porque a força está em você. Aproveite o método que compartilhei neste livro para se fortalecer e se comprometer com jornadas desafiadoras com começo, meio, meio, meio, meio... sem fim!

Quando começamos a Rocket éramos uma dupla. Viramos três, quatro, oito, dezesseis pessoas... e continuamos expandindo e conquistando nosso espaço no cenário nacional. Em tão pouco tempo de luta, já nos tornamos uma referência em educação on-line, com um grande *case* no mercado imobiliário e enxergando um mundão de possibilidades pela frente.

Quantas histórias como as nossas nasceram e ganharam asas para voar!

Sim, às vezes, cedo à melancolia e, outras vezes, estou superempolgada. Ou então fico insegura e, minutos depois, estou confiante. Há momentos em que me pego vivendo o meu mais profundo caos empreendedor. Em outros, me sinto pisando no paraíso! Eu amei profundamente cada pedacinho dos muros que derrubei para inundar meus sonhos de vida e deixá-los fluir!

VAMOS COM FORÇA QUE UM FUTURO MELHOR VAI *CHEGAR CHEGANDO!*

O sucesso está sempre acompanhado de um elemento poderoso: o suor. Vamos ainda mais longe! Vamos muito, mas muito mais longe! Olhando o passado para entender hábitos, o futuro para "hackear" o tempo e o presente para fazer a mágica acontecer, tendo clareza sobre o que queremos. Afinal, o ponto de partida é a ciência do ponto de chegada!

Se você aplicar todo o conhecimento contido neste livro, tenho certeza de que também vai empreender do jeito certo, ganhar dinheiro com o seu negócio, alcançar a sua liberdade financeira e se empoderar de verdade. Para se sentir ainda mais motivada, conheça mais esta história de uma mulher que deu a volta por cima após ser demitida, colocou dinheiro no bolso empreendendo e tornou-se dona da própria vida.

CASE HORTIFRÚTI EM CASA

Rosana (nome fictício) estava na iminência de ser dispensada da sua função administrativa no governo de Goiás. Só não sabia que seu chefe estava pensando em substituí-la. No serviço público, os cargos comissionados são frequentemente trocados com a alternância do poder, porque as novas lideranças querem formar as próprias equipes. Era esse o cenário em questão.

Uma colega do trabalho mandou a sua exoneração por mensagem de WhatsApp. Rosana demorou algumas semanas para se recuperar do susto e entender que precisava agir, pois ficar se lamentando não adiantaria. Além do mais, seus pais, bem idosos, eram portadores de Alzheimer e moravam com ela. Essa era até uma das razões de não se sentir segura para se arriscar com um CNPJ, embora sonhasse em empreender.

Mas, quando se viu desempregada, não teve escolha e muito menos tempo para pensar em uma estratégia. O dinheiro estava acabando, e foi então que apostou na aquisição de conhecimento para se reinventar, ainda sem ideia do que poderia comercializar. Ela entrou para a minha turma de mentoria e decidiu sair da inércia – dizia não ter nem tempo para se lamentar.

Resolveu seguir para o ramo da alimentação. Dado que precisava de dinheiro a curto prazo, em vez de fazer comida congelada para vender (essa foi primeira opção dela), desenvolveu uma solução de entrega de hortifrúti com agendamento semanal. Na primeira semana, conseguiu validar a sua proposta com três clientes, que indicaram o serviço para outras famílias.

Rosana entendeu que precisava aprender a lucrar com a sua ideia de negócio e foi ficando bastante consciente dos números. Hoje, conta com seis funcionários e uma remuneração quatro vezes maior do que ganhava trabalhando no governo do estado de Goiás. Conseguiu contratar uma enfermeira para acompanhar os pais mais de perto e, assim, poder focar a maximização de seus rendimentos e a expansão do negócio.

O **sucesso** está sempre acompanhado de um elemento poderoso: o suor.

O MUNDO É NOSSO

CAPÍTULO 9 ←

Para você que chegou até esta página, espero que esteja se sentindo mais livre para ser a dona do seu destino e transformar seu sonho grande em negócios que tragam realização financeira e muito mais. E agora? Compartilhe também esse novo estado mental com outras mulheres e participe do objetivo maior deste livro: movimentar o tabuleiro da vida em prol de um mundo rico em diversidade e iguais oportunidades de realizações.

Sabemos o quanto somos boas em formar redes de apoio. E, assim, o grupo se fortalece. Quando estamos em uma roda de mulheres, falando sobre os nossos desafios e sonhos, reafirmamos o valor da sororidade, declarando ao mundo que, não, não admitimos mais sermos julgadas e freadas. Queremos disseminar sentimento de união, de incentivo mútuo, de troca de conhecimento, de respeito e admiração pelo sucesso umas das outras.

Sororidade é entender que mulher precisa de mulher, porque entende a dor da outra. Namorado, marido, filho, colega de trabalho, por mais que tentem se colocar no nosso lugar, jamais entenderão certas barreiras que só estão presentes no nosso quadrado. Quando nos abrimos com uma amiga e escutamos "Nossa, eu passo pela mesma coisa!", já dá um alívio! Preenche a alma com o sentimento de não estarmos sozinhas.

Como reiterei ao longo do livro, empreender é um desafio enorme para nós, mulheres, por termos de lidar com muitas desvantagens. Basta observar que, por recebermos criações diferentes, os homens, por exemplo, crescem usando palavrões e xingamentos de forma muito natural, utilizando-os até para criar ambientes mais descontraído. Reuniões mais acaloradas com palavras duras, portanto, não são um problema. Enquanto para eles as discussões parecem mais naturais e terminam de forma leve, para as mulheres pode ser mais difícil de lidar e despertar sentimentos ruins.

Demos pequenos passos, e é com a sororidade que vamos caminhar com mais integridade e sem a necessidade de esconder o choro. Vamos celebrar o nosso sucesso com aquele sorrisão que ilumina os lugares. Vamos levar mais e mais mulheres para os espaços ocupados até então pelos homens e com dinheiro no bolso para botar na mesa e ter novas conquistas.

Agora que despertamos nossa força e clareamos o nosso caminho, ninguém poderá nos segurar!

Estamos evoluindo a passos lentos e desejamos em um futuro breve encontrar fila no banheiro feminino em eventos sobre investimentos – porque até hoje não tem, o que me faz perguntar: é causa ou consequência? Também não vejo a hora de chegar o dia em que vamos curtir muitos posts de fotos de empreendedoras bem-sucedidas e ricas nas redes sociais (e não apenas de homens brancos, cis, héteros, na faixa dos 40 anos). Que as mulheres dominem as redes sociais, com muita beleza e empoderamento!

Quando homens e mulheres tiverem as mesmas oportunidades de ascensão, e as diferenças e as limitações de cada um forem respeitadas, principalmente em posições de liderança, será bom demais!

É importante que falemos mais dos nossos desafios profissionais e que conversemos sobre esse assunto com outras mulheres. É nossa obrigação expor os nossos sentimentos para mostrar para a sociedade que ainda existe desigualdade.

Vamos dar voz a mais mulheres para discutirem dinheiro, liderança, gestão, como tomar decisões melhores e o impacto de nossas ações no meio corporativo. Temos de falar mais, bem mais, sobre nunca conseguir atender a expectativa dos outros, sobre ter de escutar em silêncio, sobre os silenciamentos, sobre escolhas impossíveis, sobre a necessidade de flexibilidade, sobre enfrentar nossos medos e ouvir mais o coração e a intuição, mas com a calculadora e as planilhas ao lado.

Sair da zona de conforto, das desculpas e inseguranças foi determinante para mim e será para você.

É lindo demais ver uma mulher consciente do seu poder.

E poder é enxergar além e querer ir além.

É não se conformar, preferindo fazer e errar a não tentar.

É coragem de seguir e persistir além das dificuldades, colocando sempre as pessoas em primeiro lugar.

É lutar como um time, com diversidade e não deixando ninguém para trás.

É ter vitórias, alegrias e histórias para contar.

É "masterizar" as suas fortalezas e combiná-las com aquilo que a princípio não é prazeroso, mas que depois será.

É praticar todos os dias.

É se divertir com o processo. Viva o processo!

É não acreditar que é impossível, mesmo quando as coisas ficam tensas.

É transformar vidas!

E eu estou muito animada. Vamos em frente que o mundo é nosso!

Agradeço a você por fazer parte da minha vida de uma maneira tão intensa e especial, permitindo que eu partilhasse problemas, sonhos, aprendizados e muito mais, sem filtros e com verdade.

Ao infinito... e além!

É *noix*! ♥♥

Esse livro foi impresso
pela Gráfica Rettec
em papel pólen bold 70g
em outubro de 2022.